소개마케팅 비법

소개마케팅 비법

마케팅 최종병기

김동범 지음

중앙경제평론사

프롤로그
마케팅 최종병기

여러분은 왜 비즈니스(사업, 장사, 마케팅, 영업, 서비스, 세일즈, 협상, 프레젠테이션, 인맥관리 등 모든 직업적인 유무형의 교류 행위)를 하는가? 현재 하는 일을 통해 이루고 싶은 꿈은 무엇인가? 지금 자신의 가치를 충분히 발휘하고 있다고 생각하는가? 여러분의 가치를 고객이 합당하게 인정하는가? 고객은 여러분을 진정으로 신뢰하는가? 고객을, 상품구매 대상을 넘어 가족처럼 생각하는가? 고객을 위한 마중물 역할을 할 자신이 있고 그에 대한 각오는 되어 있는가? 현재 하는 일을 언제까지 할 각오인가?

각종 통계자료를 살펴보면 비즈니스에서 성공 확률이 일반적으로 회사 관할 영업직은 약 35%, 음식점·의류업·프랜차이즈·도소매업 등 자영업은 20%, 중소기업은 10%, 다단계는 1%, 방문판매업은 20%, 온라인 사업(네트워크)은 3% 정도로 나타난다.

즉 판매·서비스 분야는 업종을 불문하고 성공 확률이 30% 이하이다. 이는 어떤 사업이나 세일즈를 해도 약 70%는 성공하지 못하고 그럭저럭 현실에 이끌려 지내든지 아니면 언젠가는 이직한다는 것을 의미한다.

 사람은 누구나 성인이 되면 세일즈 현장에 뛰어든다. 다만 대상 업종(직업)과 세일즈 방법만이 다를 뿐이다. 지금은 어느 곳이건 완전 백지시장은 거의 없을 정도로 파이가 고정되어 있다. 정보산업화 시대로 접어들면서 일처리가 자동화됨에 따라 사무처리만 하는 샐러리맨은 줄어들고 비즈니스맨은 나날이 늘고 있다.

 밀려난 사람들은 상품을 판매 또는 서비스를 제공하는 필드로 나와야 한다. 이런 추세에 따라 영업을 하는 사람은 많은데 사려는 사람은 상대적으로 줄어들었다. 고객을 둘러싼 영업장과 판매원은 수없이 많다. 고객에게는 좋은 세상이지만 판매자는 일하기가 점점 힘들어진다.

 업종을 불문하고 영업 달인에게는 그들 나름의 노하우가 있다. 그들은 남들과는 차별화된 마케팅 전략을 구사하고 이를 집중시켜 전술적으로 추진한다. 모든 영업방식 가운데 성공 확률이 가장 높고 안전하며 효율적인 곳에 자신의 능력을 모두 쏟아 붓는다.

 비즈니스의 금맥이라 일컫는 이 시대 최고의 영업 상수인 소개마케팅이 그것이다. 비즈니스에서 성공하려면 확실한 마케팅 전략과 전술이 있어야 한다. 이에 가장 부합하는 것이 바로 영업성공의 상수인 소개마케팅이다. 소개마케팅은 영업을 확실하게 성공으로 이끄는 방점이요 마케팅의 최종병기다.

　이 책에 실린 소개마케팅 성공 사례와 실천 로드맵은 영업 현장에서 수십 년 활동한 판매왕들의 영업 비책이다. 이 책에 풀어 놓은 마케팅의 워너비 아이템인 소개마케팅의 비법을 내 것으로 만들자. 영업 패러다임에 능동적으로 대처하여 변화 의지를 나타내는 시그널 또는 터닝 포인트로 삼자.

　영업성공 케어를, 비즈니스 성공의 방점을 소개마케팅에서 찾아 평생 고소득을 실현하면서 부자가 되자. 가치제고와 신뢰구축, 세일즈 도우미 확보라는 비즈니스 마인드로 판매왕들이 정상에 올라설 수 있게 해준 최고의 소개 금맥을 찾는 노하우와 동선을 벤치마킹해 성공 나래를 멋지게 펼쳐 하루하루가 기대되는 날이 되게 하자.

　이 책이 고객을 가족처럼 여기면서 언제나 배려와 상생의 마음으로 나를 키우고 사람(충성고객)을 남겨 큰 성공을 일구려는 모든 독자에게 도움이 되길 진심으로 바란다.

김동범

차례

프롤로그_ 마케팅 최종병기 · 4

PART 1 영업성공의 지름길

평생 안정된 고소득업 만드는 비결 · 13

영업 묘미는 소개확보에서 · 16

밀착 소통으로 두터운 신뢰구축 · 19

비즈니스 성공의 4법칙 · 23

소개는 상륙지대사 · 27

소개마케팅을 꼭 해야 하는 이유 · 31

소개판매 아닌 소개마케팅을 하라 · 35

소개마케팅 vs 입소문마케팅 · 40

소개카페_ 여러분은 어디에 속하는가? · 43

PART 2 소개마케팅 실천 로드맵

상품보다 먼저 나를 팔아라 · 49

자연연고를 비즈니스연고로 · 53

날마다 새로운 만남 · 57

업무제휴로 신규고객 확보 ·60
소개를 쉽게 이끌어내는 기술 ·65
고객만족이 소개를 낳는다 ·70
기존고객은 반드시 협력자로 ·72
소개마케팅에 담긴 16가지 법칙 ·76
소개마케팅 성공 위한 13가지 기술 ·80
소개확보를 효과적으로 이끄는 기술 ·90
가장 적합한 소개자 유형 10가지 ·95
소개말문이 트이게 하라 ·104
피소개자 상담기술 10가지 ·110
소개자 사후관리기술 10가지 ·117
소개마케팅 성공실천 화두 ·123
소개카페_ 고객을 기다리게 하지 마라 ·126

PART 3 일당백, 키맨 확보기술

비즈니스 성공의 제1조건 ·131
키맨 확보 숫자가 성공 가름 ·136
소개는 사랑과 함수관계 ·138
키맨 확보 방법 ·141
대리만족과 보상심리 이용 ·145
소개카페_ 마음의 빚 줘야 소개의 빛 본다 ·148

PART 4 세계 판매왕들의 소개마케팅 기술

동우회를 통한 지속적 확보 · 153

상생 통한 제3인맥 적극 활용 · 157

위로 올라가 키맨을 낚아라 · 161

소개해주고 싶은 마음 · 165

최고의 영업방법을 만든다 · 169

고객의 성공을 적극 돕는다 · 172

소개장은 최고의 보증수표 · 177

거미줄 인맥을 만든다 · 182

업그레이드된 소개확보전략 · 186

미션 있어야 커미션 있다 · 191

세상에 공짜는 없다 · 194

친절은 소개를 선사한다 · 198

양질의 고객 발굴에 전력 · 201

소개카페_ 끈끈한 인맥으로 소개를 일구다 · 204

부록_ 판매왕을 만드는 소개마케팅 명언 · 207

에필로그_ 영원히 고소득을 올리는 비결 · 220

평생 영업을 잘하려면

현 위치가 불안한가?
아무리 애를 써도 일이 잘 안 되는가?
내일을 보장할 수 없는가?
그런 현실을 발판 삼아
도약할 기회를 잡는다면 오히려 축복일 수 있다.

물고기가 보트 위로 뛰어들게 하라.
고객이 스스로 다가오게 만들어라.
가망고객이 꾸준히 오게 할 최선의 방법은
그들이 여러분을 직접 찾게 하는 것이다.
가망고객을 가장 잘 발굴하는 비결은
끊임없는 마케팅 방법 모색이다.

특히 꼬리에 꼬리를 물고 새로운 고객을 오게 하는
소개마케팅 방법을 전략적으로 활용하는 것이다.
소개확보를 통한 신규고객 발굴과 판매야말로
고소득을 보장하는 비결이다.

나는 비즈니스 과정에서
다른 사람보다 뛰어나다고 생각하지 않는다.
다른 것이 있다면 성공 방법을
다른 사람보다 더 열심히 배우려고 노력했을 뿐이다.

- 시드니 프리드먼(Sidney Friedman)

PART 1
영업성공의 지름길

나는 상품을 판매하지 않는다. 나 자신을 파는 것으로 대신한다. 모든 상품에서 가장 권위 있는 검인은 그 상품을 취급하는 사람의 지문이다. 취급인을 충분히 신용할 수 있다면 고객에게는 그만 한 품질 증명은 없다. 나의 상품 가치가 뛰어나면 고객은 반드시 신뢰의 신호를 보낼 것이고 다른 고객에게도 자랑할 것이다. - 엘머 레터만(Elmer Letterman)

평생 안정된 고소득업 만드는 비결

> 억대 소득자들의
> 영업 스타일 벤치마킹

비즈니스맨이나 세일즈맨 중 억대 소득을 올리는 달인들에게는 남다른 영업철학이 있다. 그것은 프로의식이 확고하고 상품 판매 이전에 자신의 가치제고와 고객의 신뢰를 가장 중시한다는 점이다. 평생 직업의식을 갖고 무장하여 당장의 수입보다 앞을 내다보고 고객을 가족처럼 여기며 완전판매를 지향하고 충성고객을 만들어 소개확보로 이어지게 한다는 점이다. 그래서 그들은 자기가 하는 일을 평생 직업으로 삼아 고소득을 올리고 떳떳하게 자랑하며 즐겁게 일한다.

영업 고수들의 공통점 15가지는 다음과 같다. 이를 벤치마킹하여 체득하면 성공을 향한 큰 디딤돌을 구한 것과 다름없다.

··· 영업 고수들의 공통점 15가지 ···

1. 인맥관리와 고객 신뢰가 영업성공의 바로미터임을 알고 실천한다.
2. 먼저 씨를 뿌려야 원하는 것을 얻을 수 있다는 자연의 법칙을 영업 모토로 삼는다.
3. 자신의 일을 사랑하며 전문가로서 깜냥을 기르고 발휘한다.
4. 항상 긍정적으로 생각하며 강화의지와 멘탈이 강하다.
5. 목표의식이 뚜렷하고 달성의지가 매우 강하다.
6. 약속을 철저히 지키고 시간을 효율적으로 활용한다.
7. 이 일을 천직으로 여기며 평생직업 의식이 매우 강하다.
8. 고객과 일을 넘어 끈끈한 관계를 맺으면서 인맥을 넓힌다.
9. 영업을 생활화하면서 만나는 사람과 좋은 인연을 맺으려 노력한다.
10. 인간적인 교류를 중시하며 세일즈 도우미(멘토)가 있다.
11. 소개마케팅을 영업의 기본이라 생각하며 실천한다.
12. 자연연고 고객에게 의존하지 않고 늘 비즈니스 고객을 발굴한다.
13. 언제나 다른 판매자보다 비교우위에 서기 위해 가치를 높인다.
14. 고객 코드와 감성에 맞춰 눈높이 컨셉 영업과 코드 영업을 한다.
15. 시작보다 끝이 좋아야 함을 알고 사후관리를 철저히 한다.

영업을 하는 궁극적인 목표는, 첫째 소득을 더 많이 창출하고, 둘째 현재 하는 일을 평생 안정되게 수행해서 성공적인 삶을 사는 것이며, 셋째 가정의 경제적 소득원으로서의 역할을 충실히 수행하는 것이다. 따라서 당장 눈앞에 보이는 이익의 잣대로 고객을 대하지 않고 어떻게 하면 완전히 내 사람으로 만들지를 모색한다.

　그렇게 하려면 먼저 마음의 빗장을 열고, 이익을 남기려는 세일즈가 아니라 사람을 남기려는 마케팅을 해야 한다. 상품 하나를 판매하면 하나의 이익(소득)밖에 얻지 못하지만 고객을 내 사람으로 만들면 그 고객에게 꼬리에 꼬리를 물고 다른 고객을 소개해주고 싶은 마음이 움트게 된다. 이것이 진정 고소득을 올리며 평생 안정된 직업을 만드는 비결이다.

영업 묘미는 소개확보에서

> 세일즈는 삶의 가치를
> 가름하는 교류행위

"인간은 예외 없이 항상 누군가에게 무언가를 세일즈하며 산다. 세일즈는 모든 사람에게 반드시 필요한 요소로서 삶의 가치를 가름하는 자양분이다." 영국 작가 로버트 루이스 스티븐슨(Robert Louis Stevenson)의 말이다.

세일즈는 시장경제에서 비즈니스를 하는 사람들에게만 통용되는 용어가 아니라, 계층이나 사람을 불문하고 반드시 필요한 우리의 삶 자체라고 할 수 있다. 세일즈는 상품이나 서비스를 판매하는 형이하학적인 상거래 행위뿐만 아니라 자신의 인격과 신뢰를 상대방에게 파는 형이상학적이고 인간친화적인 가치의 교류행위이기 때문이다.

| 최고의 소득을 가져다주는 소개마케팅 |

비즈니스의 궁극적 목적은 상품이나 서비스가 더 잘 팔리게 하고 이익을 창출하여 부자가 되게 하는 데 있다. 영업을 더욱 확장하여 이익을 지속적으로 창출하려면 성과가 가장 높게 나타나는 동선(動線)축소 전략을 추진해야 한다.

동선축소 영업이란 경제성 원칙에 따라 영업의 효율성과 효과성, 생산성을 극대화하기 위한 세일즈 프로세스 단축 영업방식이다. 방판영업의 경우에 일반적인 7단계 세일즈 프로세스인 ① 고객 발굴, ② 방문약속, ③ 컨설팅, ④ 니즈환기, ⑤ 구매권유, ⑥ 판매, ⑦ 사후서비스 중 ①~③의 과정을 생략하고 곧바로 니즈환기와 구매욕구 환기로 들어가는 영업효율화 전략이다. 이는 소개마케팅(refering marketing)을 통해서만 가능하다.

일반적인 영업방식으로 100%의 노력을 기울일 때 소개마케팅을 추진하면 30% 정도만 힘을 쏟아도 일이 성사된다. 그만큼 성공 확률이 높은 고부가가치 영업이다. 고객 발굴방법에 따른 계약 성공률은 연고영업 20%, 개척영업 5% 정도(DM, TM, CM 모두 이 범주에 들어가지만 성공률은 훨씬 낮다)이지만 소개영업은 소개받은 고객(피소개자)의 80% 이상이 구매한다. 바로 이런 다른 영업방식과는 확연하게 차별화된 매력과 엄청난 이점 때문에 비즈니스를 하는 사람은 누구나 소개마케팅을 하려는 것이다.

영업의 묘미는 고객이 신규고객을 데려와 판매량이 늘고 소득이 높아져 삶이 더 풍요로워지는 것인데 이는 소개확보를 통해서 가장 빨리 이룰 수 있다. 고객이 상품과 서비스에 효용성을 느끼고 신뢰하면 고객의 도움이 단시일 안에 나타나 소개로 이어진다.

자타가 공인하는 판매왕인 영업의 달인은 맨땅에 헤딩하기 식의 나 홀로 영업은 하지 않는다. 세일즈 도우미 역할을 하는 기존 고객의 소개로 고객을 확보하여 꼬리에 꼬리를 물고 계약의 물꼬가 터지도록 알찬 영업을 한다. 시장의 파이가 점점 작아져 입지가 좁아지는 판매 다원화 시대에 퍼플오션전략을 펼쳐 블루슈머(bluesumer)를 가장 효율적으로 확보하는 방법은 소개확보이다.

밀착 소통으로 두터운 신뢰구축

> 비즈니스는 물건이 아닌 사람을 사는 것

비즈니스에서 가장 중요한 가치요소는 상호 신뢰이다. 고객은 여러분이 제공하는 상품이나 서비스뿐만 아니라 여러분의 인품을 산다. 즉 여러분의 가치(능력, 매력, 프로의식, 세일즈 기술 등)와 신뢰(상호 친숙도, 믿음성, 진정성, 성실성, 호감성 등)를 사는 것이다.

따라서 비즈니스에서 요구되는 가치는 ① 자신의 가치, ② 상품(서비스)의 가치, ③ 판매사의 가치, ④ 마케팅의 가치, ⑤ 인맥의 가치, ⑥ 신뢰의 가치 등 여섯 가지로 구분할 수 있다. 이 가운데 ④는 주로 신규고객 창출에 필요한 요소이고, ⑤는 사람을 남기는 영업을 위한 터(area) 닦기이다. 영업은 사람을 남기는 일을 해야 더욱 알찬 결실을 거둘 수 있으므로 고객과 관계를 친밀하게 형성하는 것이 매우 중요하다.

그리고 ①부터 ⑤까지 해당 가치가 빛을 발하면서 하자 없이 올곧게 잘 이루어져야 ⑥의 신뢰의 가치가 구축된다. 신뢰의 뿌리가 튼튼해야 비즈니스 열매가 탐스럽게 열린다.

> 신뢰는 비즈니스가
> 추구하는 최고 가치

스위스의 철학자 앙리 프레데릭 아미엘(Henri-Frederic Amiel)은 "신뢰는 거울의 유리와 같다. 한번 금이 가면 원래대로 하나가 되지 않는다. 그러나 잘 유지하면 영원히 빛을 발한다"라고 했다. 고객과 인간관계를 지속적으로 형성하려면 고객의 마음의 문을 열어 자신에게 동화되도록 만들어야 한다. 마음의 문에는 물질적 요소보다 정신적 요소가 더 중요하게 와닿기 때문이다. 고객이 여러분의 비즈니스 행위를 전폭적으로 지지하고, 자랑하고, 감사하고, 보답하게 만드는 라포(rapport)형성을 통한 감정이입과 동화과정이 정말 중요하다.

이는 고객을 지속적으로 만족시키고 진정으로 감동시켜야 비로소 가슴에서 우러나오는 고객 마음의 산화물이다. 고객은 만족을 넘어 기대하거나 예상하지 못한 가치 있는 고품격 서비스를 받을 때 더욱 기뻐하고 기쁨이 극대화될 때 감동한다.

고객감동은 이타적인 마음으로 고객에게 지극한 정성을 다할 때 가능하다. 레토릭(rhetoric) 없이 고객의 마음과 현재의 상황을 혜량하는 진정성 있는 자세로 고객을 대하여 고객이 만족하고 감농해야 신뢰가 쌓이고 재수요를 창출하여 소개의 싹을 틔울 수 있다. 오늘날은 상품의 효용가치 전파도 중요하지만 상호 신뢰를 바탕으로 한 휴먼네트워크가 전략적으로 강조되는 시대이다. 신뢰성은 소개마케팅의 최고 덕목이요 추구점이다.

진정성 있는 소통마케팅으로 신뢰구축

신뢰를 구축하려면 진정성 있는 소통마케팅을 펼쳐야 한다. 진정성 있는 소통마케팅은 상품이나 서비스를 무조건 좋아 보이게 하는 과대포장을 풀고 고객의 마음에 닿을 수 있게 브랜드의 가치를 일관성 있게 보여주는 마음의 교류를 기반으로 한 소통 영업기법이다. 따라서 진정성 있는 소통마케팅을 펼치려면 머리로만 재는 이해타산적인 실리를 떠나 마음으로, 가슴으로 고객에게 다가가는 진솔함이 필요하다.

고객과 원활하게 소통하면서 진정성을 높이려면 소개마케팅을 접목한 비즈니스를 해야 한다. 그래야 고객 신뢰의 탑을 더 높이 쌓아 영업실적과 소득이 일취월장한다. 무슨 업종이든 성공하려면 고객을 발굴하고 상품과 서비스를 판매하면서 신뢰를 얻고 지속적으로 새로운 고객을 소개받아야 한다. 비즈니스 성공의 요소는 고객과 쌓은 두터운 신뢰성을 구축하여 고객을 마음으로 사로잡는 것이 첩경임을 명심하자.

··· 고객의 신뢰를 얻는 비결 ···

가장 현명하고 뛰어난 세일즈맨은 자신의 상품에 대해 담백하게 진실만을 말한다. 그는 고객의 눈을 보면서 이야기한다. 그것은 언제나 인상적이다. 처음에 판매하지 못하더라도 신뢰감을 남겨두고 간다. 고객은 진실이 아닌 수상쩍거나 약삭빠른 이야기에 두 번 속지 않는다.

말 잘하는 사람이 이기는 것이 아니라 가장 정직하게 말하는 사람이 이긴다. 세일즈맨의 영혼이나 눈빛, 단어의 배열에는 신뢰나 불신을 나타내는 무언가가 있다. 솔직담백한 정직함이야말로 언제나 안전하고 좋다.

— 조지 매튜 애덤스(George Mattew Adams)

비즈니스 성공의 4법칙

비즈니스에 성공하려면

우리 삶에는 '식색명예재물수면욕(食色名譽財物睡眠慾)과 희로애락애오욕(喜怒哀樂愛惡慾)'이라는 오욕칠정(五慾七情)이 따른다. 또 좋은 게 있으면 나쁜 게 있어서 '인간만사 새옹지마(人間萬事塞翁之馬)'라고 한다. 그러나 좋고 나쁨은 남보다 자기 할 탓이 더 크다.

비즈니스 세계에는 '가감승제'라는 불변의 성공법칙 네 가지가 있다. 즉 ① 긍정의 마음을 더하는 이기는 기술(+), ② 부정적인 생각의 싹을 버리는 비움의 기술(-), ③ 나와 고객의 이익을 상호 증대하는 시너지 기술(×), ④ 어려움을 고객과 나누어 극복하는 나눔의 기술(÷)이 비즈니스의 4법칙이다. 이는 소개마케팅을 성공하기 위한 인프라요 필수 존재이다.

어느 시기에 여러분의 마음과 행동과 고객을 대하는 판매의 잣대를 당기고 풀고 늘리고 빼야 하는지 비즈니스 4법칙에 따라 자신을 경영하면 좋은 성과를 거둘 수 있다.

가(加, +)
긍정의 마음을 더하는 이기는 기술
언제나 긍정적인 생각과 큰 꿈을 가져라

　매사에 긍정적인 생각을 더하면 일이 즐겁고 삶이 긍정적으로 바뀐다. 긍정에 긍정을 더하면 세상은 살맛나는 장밋빛으로 변한다. 밝은 마음에는 어두운 빛은 없고 희망의 싹만 움튼다. 남보다 비교 우위에 서려면 긍정하는 마음으로 이기는 기술을 연마해야 한다. 자신의 자아를 관찰하여 정적 강화는 더 키워나가고 부적 강화는 제거하려는 노력이 필요하다. 그리하여 긍정적인 자기 합리화는 물론 갈등과 스트레스를 승화시켜서 밝은 생각과 웃음 바이러스를 지니고 고객에게도 전파하도록 해야 한다. 고객에게 웃음을 짓게 하면 살가운 인맥으로 이어져 소개로 돌아온다. 이기는 영업이 저절로 이루어지는 것이다.

감(減, －)
부정적인 생각의 싹을 버리는 비움의 기술
부정적인 생각은 버리고 긍정의 힘만 키워라

　긍정과 부정은 동전의 양면 같지만 그 차이는 정반대다. 부정적인 생각은 일을 그르치게 하는 독과 같다. 부정적인 생각을 할수록 자신에 대한 억압과 부인의 강도가 높아지고 이에 따라 마음이 점점 불안해져서 삶에서 긍정적 요소가 그만큼 빠져 걸림돌만 가로놓인다. '이 일이 잘될까? 아무리 해도 안 될 것 같은데…'라고 생각하면 하던 일도 꼬여 안 된다. 따라서 '할 수 있다', '반드시 해내고 말겠다'는 강한 신념과 적극적인 자세로 추진해야 매사가 순조롭게 풀리고 사람도 따라붙는다.

체인지 몬스터(변화를 방해하고 좌절시키려고 등장하는 유무형의 괴물)를 관리하지 못해 매너리즘에 빠지지 말고, 위기의 시그널을 제때에 포착하고, 긍정의 호르몬인 세로토닌(serotonin)을 발산시켜 패러다임 시프트를 모색하는 지혜와 결단력이 필요하다.

승(乘, ×)
나와 고객의 이익을 상호 증대하는 시너지 기술
항상 고객의 코드에 맞춰 생각하고 그들의 이익을 생각하라

사람의 마음은 얼굴에 고스란히 나타난다. 그래서 고객은 상대가 자신을 어떻게 생각하는지 마음으로 읽고 다음 행동을 한다. 내 이익의 잣대가 아니라 고객의 잣대로 대하라. 고객의 마음은 천칭 같다. 내가 고객을 생각하는 마음이 크면 클수록 고객의 마음은 나를 향한다. 언제나 고객을 위하는 생각을 하면 고객에게 부채감이 생겨 소개의 싹이 움트고 영업은 잘되며 기쁨은 배가된다.

제(除, ÷)
어려움을 고객과 나누어 극복하는 나눔의 기술
어려운 일이 있을 때는 혼자 하지 말고 차력을 하라

독불장군에게 미래가 없다는 말은 진리다. 특히 비즈니스는 혼자서 절대로 할 수 없다. 나를 도와주는 수많은 인간관계의 틀 안에서 이루어지는 상생의 영업이다. 슬픔을 이웃과 나누면 반감되듯 차력을 하면 힘듦이 줄어든다. 영업이 너무도 안 될 때, 앞길이 캄캄할 때, 찾아갈 고객이 없을 때, 이젠 일어서기 힘든 절망적인 상황일 때 구세주처럼 도움을 주는, 즉 고귀한 마중물 역할을 하는 세일즈 도우미를 만나려면 무조건 차력을 하는 것이 첩경이다. 혼자만의 영업이 아닌 자신을 이끌고 도와주는 세일즈 도우미가 늘 함께한다. 세일즈 도우미가 많을수록 일이 잘되기 마련이다.

어떻게 하면 양질의 고객을 만들고 그들에게 소개확보라는 차력을 이끌어낼지 기법과 기술을 연마해야 한다. 언제나 역지사지하여 내 이익을 고객과 나누려는 상생의 자세를 견지해야 한다. 지금의 힘듦은 힘찬 도약을 위한 성장통으로 여기고 고객과 이익을 공유하면서 밀착관리에 전력을 기울여야 한다.

소개는 상륜지대사

> **인생의
> 두 가지 천직**

사람은 두 번 태어난다고 한다. 첫째는 생명체로 탄생하는 것이고, 둘째는 가정을 이루어 사회구성원이 되는 것을 말한다. 나는 여기에 하나를 덧붙여 세 번 태어난다고 말한다. 바로 성인이 되어 일(job)을 통해 경제 주체로 다시 태어나는 것이다.

따라서 인생에는 두 가지 중요한 선택이 있다. 가족을 만드는 배우자 선택과 일을 만드는 직업 선택이 그것이다. 모든 사람에게 하늘이 부여한 두 가지 천직(天職)은 가정이라는 보금자리와 직업이라는 경제적 울타리다. 이 두 가지 천직은 우리에게 주어진 절대적인 인생과제요, 삶의 원천이며, 생활의 질을 가름하는 화두다. 이 두 천직을 어떻게 찾고 가꾸느냐에 따라 삶의 여정은 사뭇 다르게 펼쳐진다.

가정이라는 천직을 행복으로 감싸기 위해 배우자를 선택하는 과정은 중요하기 때문에 결혼을 인륜지대사(人倫之大事), 즉 '사람이 행해야 할 가장 큰 일'이라고 하였다. 직업도 마찬가지다. 가정을 더 튼튼히 하기 위해 경제적 울타리를 만드는 직업 선택은 인생에서 결혼에 버금가는 매우 중요한 요소다.

직업은 새로운 사회집단에 몸을 담가 자신의 터전을 일구는 인생의 가장 소중한 경제적 버팀목이다. 예전에는 결혼이 최우선이었으나 요즈음은 결혼보다 직업을 더 중시한다. 그만큼 자본주의 시장경제사회에서 삶의 척도와 행복의 잣대가 경제력에 좌우되기 때문이다. 돈이 없으면 사람답게 살기 어렵기 때문에 '뭐니 뭐니 해도 머니(money)가 최고'라고도 한다.

결혼과 일은 좋은 인연 있어야 성공

인생의 중대사인 결혼과 직업 모두 가정의 행복을 위한 필요충분조건인데 이 둘 사이에는 오묘한 상관관계가 있다. 바로 인맥과 인연을 통해서 모든 일이 추진되고 이루어진다는 점이다. 둘 다 사람을 남기는 일이다. 결혼할 때는 인맥이 두텁고 덕망 있는 사람의 소개로 좋은 배필을 만난다.

비즈니스도 마찬가지다. 인맥과 인연에 따라 성공 여부가 결정된다고 해도 지나치지 않다. 특히 영향력 있는 사람의 추천과 소개로 좋은 고객을 만나 인연을 키워가야 성공이 보장된다. 가장 효율적인 영업은 자연연고를 비즈니스연고가 되게 만드는 것이다. 이는 소개확보를 통해서만 더욱 효율적이고 지속적으로 추진할 수 있다.

결혼에서 중매인의 역할은 매우 중요하다. 소개도 마찬가지다. 잘못 소개하면 서로 신뢰를 잃는다. 환경이 서로 다른 사람을 만나 고객이라는 상업적 기초단위를 만드는 소개는 개인뿐 아니라 집단과 집단을 연결하는 견고한 사회적 결합을 뜻한다. 그래서 결혼은 인륜지대사이고 소개는 '상륜지대사(商倫之大事)'라고 정의한다. 소개는 '상거래에서 가장 큰 일'이다. 소개자는 가장 중요한 자산이다. 이를 수행하는 소개마케팅은 그래서 더욱 중요하다.

인연의 싹을 틔워주는 영업도우미

두 남녀를 연결해주는 중매인이 오늘날 비즈니스 사회에서는 더욱더 필요한 존재로 부각된다. 오늘날 중매인은 일을 돕는 협력자요 키맨인 소개자로 탈바꿈하였다. 스승이 제자들의 취업을 알선하듯 추천인으로 자리매김한 것이다.

사회에서 유능한 인재를 추천하는 것도 소개의 일환이다. 나를 알리는 방법, 나를 도와주게 이끄는 방법, 내가 취급하는 상품과 서비스가 잘 팔리게 다른 사람을 알선하는 방법에서 소개만큼 효과적이고 효율적인 수단은 없다. 또 소개를 책임지고 수행하는 소개자보다 더 큰 수확을 가져다주는 영업자산도 없다.

비즈니스 중매인인 소개자를 어떻게 확보하고 이들을 통해 나와 상품의 가치가 어떻게 충분히 발휘되게 하는지가 가장 중요한 관건이다. 동서고금을 막론하고 성공한 자 뒤에는 소개자라는 도우미가 그림자처럼 따라다녔다. 성현이든 정치인이든 경영자든 철학자든 그들의 성공 뒤에는 언제나 후원자(소개자, 추천인, 충성고객, 마니아)가 있었다.

특히 비즈니스맨 가운데 레버리지효과를 가져오는 소개자의 도움 없이 홀로 성공했다는 사람은 없다. 활동시장이란 파이가 고정되고 자기 PR가 생명인 다원화 시대에서 나 홀로 달리면 성공의 길은 멀고 험난하다. 단순무지한 처세로 치부된다. 나를 따르고 내게 도움을 주는 헬퍼인 소개자를 많이 확보하여 일을 추진해야 한다.

세일즈는 비즈니스 세계에서는 아무리 능력이 특출한 사람이라도 절대로 혼자서는 성공할 수 없음은 불문가지임을 명심하자.

Tip

평소 만나는 사람들을 단순히 스쳐 지나는 남이라 생각하지 말고 내 비즈니스 운명을 가름할 중요한 고객이 될 수 있다는 마음가짐으로 대한다면 인연의 싹이 트고 거기서부터 상호 신뢰가 생겨 소개 감정이 움튼다.

소개마케팅을 **꼭** 해야 하는 **이유**

| 목마름 해소할 마중물 필요 |

아침식사는 펌프질할 때 붓는 '마중물' 구실을 한다. 빈 펌프에는 반드시 마중물을 부어야 새로운 물이 올라온다. 아침식사를 해야 몸속에 있는 에너지를 하루 종일 쓸 수 있다. 오전 내내 빈속으로 있다가 점심 때 과식하면 식곤증이 오기 쉽고 자칫 건강을 해칠 수 있다. 우리는 새로운 에너지원을 공급받기 위해서 식사를 한다. 비즈니스에서 성공하려면 관례적으로 하던 영업 패턴에 대한 패러다임 시프트와 더불어 자신의 능력을 개발하기 위한 조치를 강구하고 로드맵을 만들어 실천해야 한다. 새로이 자신의 동력엔진을 재가동하여 다방면에서 벤치마킹해 자신만의 독창적인 이미지를 업그레이드하는 기법을 발굴하고 개발하여 양질의 고객확보에 매진해야 한다. 마중물은 자신을 키워 최상의 가치를 추구해주는 동력엔진이다.

> **어떤 영업환경에도 굴곡 없는 성장**

누구를 막론하고 영업의 목적은 더욱 효율적으로 일하여 더 많은 소득을 창출하는 것이다. 따라서 일한 만큼 성과를 얻지 못하면 계속 일할 이유를 찾기 어렵다. 현업에서의 존재목적을 상실하게 된다. 비즈니스는 최소의 비용과 노력으로 최대의 효과(이윤)를 창출하는 경제성에 따라 일처리가 이루어져야 한다. 투입(input)된 비용으로 얻는 성과(output)가 작을수록 일할 맛이 안 난다. 기대치만큼 성과가 나지 않으면 시간이 경과할수록 일의 능률도 떨어져 결국 회의하게 된다. 그러면 이직하여 원점에서 다시 출발해야 하는 심각한 상황에 직면할 수도 있다.

소개마케팅은 소개한 사람(소개자)의 영향력에 따라 쉽게 판매(피소개자의 신규고객화)되므로 어떤 영업방법보다 성공 확률이 높으며 불황을 타지 않는 유일한 영업방식이다. 경제사정이 어려울 때는 개척판매보다 연고 및 소개판매가 효과적이다. 인맥을 토대로 하면 어떠한 여건에서도 업적의 굴곡과 소득의 저하 없이 활동할 수 있기 때문이다.

그런데 연고판매는 고객이 핑계 삼아 '지금은 여유가 없어 구매하기 어렵다'고 하소연할 경우 무조건 밀어붙이면서 클로징에 들어가기 쉽지 않다. 그러나 소개를 받아 고객을 대할 때는 피소개자의 경계심이나 부담감 없이 자연스럽게 판매가 성사된다.

동선축소 영업을 하면서 고효율을 올리려면 비록 처음에는 힘들지만 일단 추진하여 물꼬를 잘 트는 소개마케팅보다 더 좋은 영업 방식은 없다. 소개마케팅은 영업의 절대강자로서 이 시대 최고의 세일즈 상수이다.

> **전도유망한
> 1인 사업가로 발돋움**

혼자 일하는 것보다 다른 사람의 도움을 받으면 그만큼 능률은 향상된다. 아니 그 이상으로 시너지효과가 창출된다. 세일즈맨 한 명은 한 명밖에 못 만나지만, 소개확보가 이루어지면 소개자가 제2의 세일즈맨 역할을 하므로 여러 사람을 효율적으로 만나 판매로 이끌 수 있다. 비즈니스에서 성공하려면 갈수록 원심력이 작용하는 소개마케팅을 전략적으로 추진하기 위한 어젠다와 로드맵을 형성해야 한다.

> **자신감 충만:
> 세일즈 3대 공포증 해소**

소개마케팅은 마중물과 같다. 소개마케팅은 세일즈의 3대 공포증인 ① 고객의 거절과 ② 방문의 두려움 그리고 ③ 업적에 대한 불안감을 한번에 해소해준다. 완충지대 역할(buffer zone role)을 하는 소개자를 통해서 낯선 고객확보의 어려움을 상쇄한다.

만남의 단계에서 아이스브레이킹(icebreaking) 역할을 하는 소개자의 도움으로 상담 두려움, 거절 공포증, 방문 공포증이 상쇄되므로 영업에 자신감이 생긴다. 업적에 대한 불안감이 서서히 없어지고 실적에 대한 기대감과 고객 만남에 대한 희망이 싹튼다. 이 시대 최고의 영업성공 수단인 소개마케팅의 진수를 찾아 나만의 성공 로드맵을 만드는 지혜를 발휘해야 한다.

··· 소개마케팅이 연고나 개척보다 더 좋은 점 10가지 ···

1. 고객의 정보 파악과 니즈 파악이 매우 용이하다.
2. 연쇄적으로 고객을 발굴함으로써 신규고객을 쉽게 확보할 수 있다.
3. 걸림돌이 발생할 때 이의 해결 및 확산을 사전에 방지할 수 있다.
4. 고객 상담 및 판매에 걸리는 시간이 많이 단축된다.
5. 상대적으로 고객수준이 높아 고액 판매가 가능하다.
6. 방문 공포증 해소로 세일즈 활동 의욕이 고취된다.
7. 소개자의 도움으로 영업을 더욱 효율적으로 할 수 있다(경제성에 따라 최고의 소득 창출 가능).
8. 자신의 가치를 유감없이 발휘하여 즐기면서 일할 수 있다.
9. 과학적이고 계획적인 활동으로 더욱 짜임새 있는 활동을 할 수 있다.
10. 평생 안정되고 확고한 고소득 직업을 가질 수 있다.

> **Tip**
> 지속적으로 수입을 올리고 영업에서 성공하려면 '고객 신뢰 확보와 평생 고객 확보'라는 키워드를 내세워 소개마케팅을 전략적으로 실천해야 한다.

소개판매 아닌 **소개마케팅을 하라**

> 단순 소개판매는
> 연고영업과 같다

소개마케팅에 대해 깊이 이해하지 못한 사람들이 소개마케팅을 '아는 사람 찾아다니며 인정에 호소하면서 영업하는 연고판매 행위'로 짐작하여 바람직하지 못하고 적극적이지 못한 마케팅 방법이라고 여기는 경향이 있는데, 이는 오산이다. 소개마케팅은 친척·친구·친지 등 지인 위주로 안면영업을 하는 연고영업이 아니다. 본인 입장만 앞세워 고객과 안면이 있다고 영업을 하고 사람을 소개해달라고 인정에 호소하거나 떼쓰는 단순무지한 영업방식이 아니다.

  소개영업을 했는데도 일이 뜻대로 마무리되지 않는 것은 소개판매에 그치고 소개마케팅을 하지 않았기 때문이다. 단순 소개판매, 즉 연고영업에만 주력하다 자원이 고갈되면 또 다른 연고를 찾아가 다른 사람을 소개받는 화전민식 소개영업을 했기 때문이다.

이렇게 곶감 빼먹듯 영업을 하면 소개의 싹은 절대로 움트지 못한다. 소개의 싹만 싹둑 잘라 먹고 꽃을 피우지 않는 영업은 당장 업적과 소득은 거둘지 모르나 언젠가는 자원이 고갈되어 세일즈 부침을 겪는다. 이것이 소개판매와 소개마케팅의 근본적인 차이점이다.

| 소개마케팅은 가치마케팅 |

소개마케팅은 ① 내 가치를 알아주고, ② 내 직업정신을 높이 사고, ③ 내가 취급하는 상품과 서비스의 효용가치를 느끼고, ④ 내가 그들의 삶에 도움을 주기 위해 노력하는 것을 이해해주고, ⑤ 고객에게 더욱 새로운 가치 만족을 느끼게 해준다는 것을 인식하는 사람들을 단골로 만들고, ⑥ 이들 중에서 소개자를 발굴하고 키맨을 육성하여 피소개자를 확보하고 계약을 맺어가면서, ⑦ 피소개자를 통해 새로운 고객을 연쇄적으로 창출하는 매우 합리적이고 과학적인 마케팅 기법이다.

소개마케팅은 본인과 상품, 회사에 대한 가치 창출과 마케팅 믹스, 신뢰구축으로 유대감 형성 등 다섯 가지 가치요소(value element)가 상호 융합되어야 이루어질 수 있다. 나만 생각하는 연고마케팅이 아니라 남을 더 많이 살피고 이해하는 가치마케팅이기 때문이다.

| 7가지 소개 얼개구축과 실천 |

소개마케팅을 실천하여 가시적 효과가 나타나게 하려면 성과를 도출하기 위한 얼개를

잘 잡아야 한다.

① 고객과의 사전 신뢰구축과 상품 만족(기대욕구 충족), ② 고객로열티 향상, ③ 자신의 가치, 상품의 가치, 회사 브랜드가치의 화학적 조합, ④ 황금률(golden rule)을 뛰어넘어 고객의 이익을 우선하는 백금률(platinum rule) 실천, ⑤ 평생 고객관리를 할 각오로 임하는 프로정신, ⑥ 고객의 코드와 스케일에 맞추는 지속적인 컨셉 컨설팅 실시, ⑦ 믿음, 가치제고, 사명감, 강한 신념으로 열심히 노력하면 안 되는 것이 없다는 영업철학 확고하게 다지기 등이 따라야 한다. 그리고 고객이 나의 가치를 캐스팅하게 만들어 신뢰를 확실하게 심어주어야 한다.

Tip

소개판매는 연고마케팅(related marketing)과 맥락이 비슷하다. 연고자에게 소개를 받아서 피소개자와 계약을 체결하고 아는 사람을 찾아가 소개를 받는 화전민식 영업이다. 단타 영업, 일회성 한 방 영업이다.

그러나 소개마케팅은 농경식 영업이다. 평생 생활의 터전이 되고 삶을 윤택하게 할 옥토를 만드는 데 심혈을 기울이고, 그 땅에 소개의 씨앗을 올곧게 뿌리고 가꾸어 열매를 수확하고, 이 중 좋은 종자를 이듬해 뿌려 더욱 많이 수확하는 다모작 마케팅이다.

소개마케팅은 소개라는 영업전술과 마케팅이라는 비즈니스 전략이 혼합된 세일즈 마케팅이므로 이를 올바로 실천하려면 소개마케팅에 관한 모든 이론과 실천 방법을 알아야 한다.

··· 소개마케팅에 관한 단상 ···

실력배양 없이 소개마케팅에만 힘을 쏟는 것도 문제지만
비즈니스 능력과 자질을 갖추고 있으면서도
소개마케팅을 소홀히 하는 것 또한 바람직하지 않다.
스스로 능력을 키우는 동시에
상대를 도와 나를 이롭게 하는 것
그것이 바로 소개마케팅의 키워드이며 상생의 기본 원리이다.

소개는 자신의 열정·능력·영업철학 등의 자질과
진정성·신뢰성·가치 등의 인간성에 비례한다.
먼저 자신의 그릇을 키워야 한다.
그 그릇에 유망고객을 될 수 있는 한
많이 담을 수 있도록 부단히 고객을 발굴해야 한다.
그래야 협력자를 발굴하고 육성해
소개자를 확보하고 일당백의 키맨을 만들어
소개확보의 길로 들어설 수 있다.
소개확보가 이루어져야 적극적으로 씨불을 살려
신규고객 확보라는 탐스러운 열매를 계속 맺히게 할 수 있다.

소개마케팅의 싹은 쉽게 움트지 않는다.
소개 강화로 확실한 피소개자를

확보할 때까지는 시간과 노력이 많이 필요하다.
그러나 고생한 만큼 보람과 대가는
그 어떤 마케팅 기법보다 크다.
그 효과는 어떠한 영업방식보다
지속적으로 오래도록 이어진다.

고진감래의 법칙, 상생의 법칙, 신뢰의 법칙, KASH의 법칙,
인과응보의 법칙, 황금률과 백금률의 법칙, 마중물의 법칙이
그대로 적용되는 진솔한 영업방법이 바로 소개마케팅이다.

― 김동범

소개마케팅 vs 입소문마케팅

**소개마케팅과
입소문마케팅의 차이점**

"소개마케팅도 입소문마케팅과 비슷하지 않은가? 둘 모두 설득력 있는 말솜씨로 상대방을 내 편으로 끌어들이는 마케팅전략 아닌가?"라는 질문을 가끔 받는다.

소개마케팅과 입소문마케팅은 엄연히 다르다. 입소문마케팅은 고객과 판매자가 1 : 1로 판매채널이 조성되는 마케팅 방식이 아니라 불특정 다수를 상대로 초기 시장을 확보하기 위한 전략적 PR마케팅이다. 물론 소개마케팅도 입소문마케팅을 병용하면 시너지 효과가 창출된다.

그러나 단순히 판매촉진만을 위한 고객유치는 소개마케팅 개념과 거리가 있다. 판매자의 가치에 무게중심을 두고 신뢰를 쌓아야 만족감과 감동을 심어주어 고객의 입에 오래도록 회자되면서 소개확보로 이어갈 수 있다. 소개마케팅과 입소문마케팅의 차이점은 다음과 같다.

1. 추진하려는 목적의식이 다르다

소개마케팅은 자신을 먼저 알리는 것이 주목적이지만, 입소문마케팅은 먼저 판매하는 상품을 알리는 것이 주목적이다. 소개마케팅은 비즈니스를 하는 동안 영원히 전략적으로 추진해야 하는 장타 영업이지만, 입소문마케팅은 단발적인 효과를 누리는 단타 영업이다.

2. 마케팅 효과의 지속성이 다르다

소개마케팅은 유효기간이 없다. 일을 하는 한 지속적으로 이어갈 수 있다. 입소문마케팅은 이벤트성이므로 어느 정도 시기가 지나면 효력이 약해져 소멸된다. 입소문마케팅의 유효기간은 3~6개월이다.

3. 마케팅 추진 주체가 다르다

소개마케팅은 주로 판매자가 개인 차원에서 추진하는 일당백의 마케팅이다. 입소문마케팅은 개인이 아닌 조직(회사, 그룹, 단체) 차원에서 전략적으로 추진하는 경우가 대부분이다.

4. 주 고객층이 다르다

소개마케팅의 주 고객층은 영향력 있는 사람들이지만, 입소문마케팅의 주 고객층은 불특정 다수이다. 그래서 시대의 변화에 민감하게 작용한다.

5. 고객접근의 기본개념이 다르다

소개마케팅은 사람을 남기고 그 후에 이윤을 남기는 선인후익(先人後益)이 원칙인, 즉 고객을 가족처럼 생각하는 인간친화적 마케팅이다. 입소문마케팅은 고객을 그저 나에게 소득을 안겨주는 대상으로 여기면서 단지 상품 이윤만 남기는 선익(先益)만이 원칙인 단순한 판촉적 마케팅이다.

6. 구매 후 고객에게 남는 잔상효과가 다르다

소개마케팅은 상품을 구매한 후에도 판매자와 지속적으로 친숙 관계를 형성하므로 고객과 교류가 이어진다. 입소문마케팅은 고객과 판매자 사이에 친밀한 관계가 영속되지 않으므로 담당 판매자를 잘 기억하지 못한다.

소개카페

여러분은 어디에 속하는가?

비즈니스를 시작하는 모든 사람에게 최초의 고객은 대부분 지인인 자연연고 고객이다. 이 경우 지인들은 필요에 따라서나 그간의 인간적 신뢰를 바탕으로 또는 직업에 처음 발을 들여놓은 여러분을 격려하려고 상품을 구매하는 것이라고 할 수 있다. 이럴 경우 여러분은 일이 즐거워지고 자신감도 붙는다. 더 많이 판매하기 위해 동분서주한다.

그러나 그렇게 열심히 몇 개월 일을 하고 나면 주위의 심한 걸림돌에 자신의 능력에 대한 회의가 휘몰아쳐 몸과 마음이 우왕좌왕하게 된다. 대부분 자신이 선택한 영업직을 후회하기 시작한다. 아직도 주변 지인들에게 신세진다는 느낌으로 일을 시도하거나 찾아갈 지인이 고갈되었기 때문이다.

비즈니스에서 능력의 결과와 성과는 일을 시작한 지 몇 개월 안에 결론이 나는 것이 아니다. 농부가 농사를 짓는 것과 같이 적어도 1년 넘게 해야 결과가 조금씩 선명해진다. 어떤 일에 종사하든 비즈니스에 발을 들여놓은 지 1년이 넘었는데도 업적이 좋아지거나 고객 수가 증가하지 않으면 자신이 다음 세 유형 가운데 하나에 속해 있음을 느낄 것이다.

1. 너무 바빠 만날 시간이 없다

'고객은 넘치고 약속은 일주일 내내 꽉 차 있으며, 그의 휴대전화는 때와 장소를 가리지 않고 울려댄다.' 이 유형은 영업 초기부터 소개마케팅만이 생존 방식임을 알고 있는 사람이다. 지인과 만날 때도 계약 자체보다 좋은 고객을 소개받는 일이 더 중요함을 알고 실천한다.

확보된 고객이 200명을 넘으면 자신감을 얻어 큰 계약을 시도하고 더욱 효율적인 시장에 접근하여 어느덧 프로로 우뚝 서게 된다. 고객은 엄선된 정보와 적극적인 서비스 마인드를 지닌 그와 거래하고 싶어한다. 그는 전문가이며 사람들은 전문가를 좋아하기 때문이다.

2. 불행하게도 만날 고객이 없다

사무실에 주로 있거나 주변의 눈치 때문에 커피숍 등에 자주 간다. 항상 '내일은 잘할 수 있다'고 다짐한다. 왜 오늘부터 잘하지 못할까? 고객을 소개받는 일이 가장 중요한 요소임을 놓쳤기 때문이다. 몇 달이 지나 중요성을 인식하고 다시 시도하지만 이미 나쁜 습관이 들어 반전시키지 못하고 주저앉는다.

3. 매사에 소극적이고 부정적으로 생각한다

사업할 당시에는 혈기왕성하게 열심히 하려고 생각하고 이런저런 계획을 세워 정열적으로 추진하다가 어느 시점부터는 자기도 모르는 사이에 매너리즘에 빠진다. 하는 일이 다람쥐 쳇바퀴 돌듯 느껴지고 사람을 만나야 거절당하고 바로 계약도 안 될 것으로 지레짐작하면서 요리조리 요령만 피운다.

그간 굳게 다졌던 각오가 눈처럼 녹는다. 그때부터 이상스레 사고가 부정적으로 바뀐다. 모든 것이 성에 차지 않으면서 스스로 나서고 싶은 생각이 없이

진다. 이런 생각이 자꾸 들고 사고가 부정적으로 굳어지면 일도 재미없을뿐더러 고객을 만나기도 싫어진다. 일은 그럭저럭 하는데 성공을 향한 진도는 나가지 않는다.

여러분은 이 세 부류 가운데 어디에 속하는가?

PART 2
소개마케팅 실천 로드맵

소개를 잘 받으려면 자신에 대해 먼저 파악하라. 겸손하되, 자신의 뜻은 분명히 밝히면서 말과 행동을 일치시켜라. 정직하라. 정직에는 언제나 보상이 따른다. 존중하며 대하라. 사람들은 누구나 존중받기를 원한다. – 앤드류 매튜스(Andrew Matthews)

상품보다 먼저 **나를 팔아라**

> 먼저 팔아야 할 것은
> 상품 아닌 '나'

"우리가 팔아야 할 첫 번째 상품은 바로 우리 자신이다. 그러므로 철저한 자기관리와 계발을 통해 나 자신이 상품으로서 가치를 드높일 수 있게 만들어야 한다. 고객은 진정한 전문가를 원한다."

맥도날드 창업자 레이 크록(Ray Kroc)이 한 말이다. 그는 젊은 시절 악기 장사와 주방용품 영업사원, 음식점 종업원, 학습지 영업사원 등 온갖 세일즈를 경험했다. 그리고 익힌 외식업체 경험과 비즈니스 기술을 사업에 적용하기로 각오하고 맥도날드를 창업해 세계적인 기업으로 만들었다.

그가 성공한 이면에는 바로 자신을 철저히 관리하면서 프로의 길을 갈고닦은 참모습이 있었다. 그리고 주위 사람들이 그런 모습을 보고 물심양면으로 도와주었기 때문에 가능했다. 그는 늘 "물건을 팔기 전에 자신을 먼저 팔라. 그러면 다른 사람이 저절로 만족을 느끼고 도와주게 되어 있다. 소개는 저절로 뒤따라온다"라고 말하였다.

잡화 세일즈맨으로 성공한 후 비즈니스 컨설턴트로 맹활약하는 브라이언 트레이시(Brian Tracy)는 영업성과를 올리는 비법에 대해 이렇게 말했다. "상품에 대한 확신과 자신을 먼저 가져라. 자신의 능력과 자질을 믿어라. 자기 자신과 가능성에 대한 생각을 바꾸는 것이야말로 판매성과를 가장 빠르게 긍정적으로 변화시킬 수 있는 방법이다."

상품을 팔기 전에 서비스를 제공하면서 나의 가치를 팔려는 황금률과 백금률에 입각한 상인정신이 선행되어야 한다. 그리고 에토스(ethos)를 발휘하여 고객이 감동하고 진심으로 눈물을 흘리게 만들어야 튼튼한 인맥의 싹이 움터 소개로 이어진다.

비즈니스 성공 열쇠 'KASH의 4법칙'

비즈니스 성공에 가장 큰 요소는 뭐라 생각하는가? 영업에는 법칙과 왕도가 없다고 생각하는가? 인생 성공에 왕도는 없다고 한다. 성실하게 열심히 일하면서 직무에 충실하면 반드시 뜻을 이룬다고도 한다.

그러나 인생 성공에도 비즈니스 성공에도 일정한 성공법칙이 있다. 바로 'S=K+A+S+H'로 나타나는 성공 공식이다. 이를 'KASH

의 4법칙'이라고 한다. 이는 미국 보험마케팅연구협회(Life Insurance Marketing & Research Association, LIMRA)가 수십 년 동안 연구한 끝에 정립한 비즈니스맨이 갖추어야 할 기본적인 네 가지 조건으로 지식(knowledge), 태도(attitude), 기술(skill), 습관(habit)을 가리킨다.

비즈니스 성공 여부는 지속성에 달려 있는데, 이는 KASH를 통달할 때 비로소 고객의 신뢰를 한 몸에 받아 소개가 날로 푸르게 이어진다. 따라서 성공하려면 KASH를 몸에 완전히 익힌 후 소개자와 협력자를 의뢰하는 것이 최선이라 생각하면서 이를 실천해야 한다.

··· **'KASH의 4법칙' 실천 로드맵** ···

1. 완벽한 이론무장을 위해 지식을 폭넓게 쌓아라.

"지식이 없는 열중은 빛이 없는 불과 같다." 영국의 선구적 박물학자 존 레이(John Ray)가 한 말이다. 올바른 지식은 나의 미래를 밝혀주는 소중한 나침반이다.

2. 정신무장을 위해 강한 신념으로 프로십을 길러라.

삶이란 인생 앞에 어떤 일이 생기느냐에 따라 결정되는 것이 아니라 우리가 어떤 태도를 취하느냐에 따라 결정된다. 악바리 같은 프로 근성이 있어야 한다. 그래야 실패율은 줄어들고 성공 확률은 높아진다.

3. 기술무장을 위해 컨설팅 스킬을 연마하고 현장 적응력을 키워라.

전문가가 되려면 지식뿐만 아니라 그를 활용할 연장인 기술이 훌륭해야 한다.

4. 영업 생활화를 위해 좋은 이미지와 좋은 습관을 길러라.

습관은 나무껍질에 새긴 문자 같아서 그 나무가 자라남에 따라 확대된다. 좋은 습관을 몸에 익혀야 한다. 좋은 습관은 평생 자신을 좋은 방향으로 인도한다.

비즈니스 마인드를 가치제고, 신뢰구축, 평생 전문인으로서의 입지구축에 두고 비즈니스 성공 열쇠인 'KASH 4법칙'을 마스터하라. 그러면 여러분은 군계일학처럼 빛을 발할 것이다. 벌이 꽃을 찾듯 많은 사람이 여러분을 따르게 될 것이다.

자연연고를 **비즈니스연고로**

> 자연연고에만
> 기대는 영업은 금물

상품을 구매한 고객이 "내가 구매하여 사용해보니 정말 괜찮다. 매우 좋다. 마음에 든다"라고 하면서 이웃이나 친지에게 권유하는 것보다 더 효과적인 고객 발굴방법은 없다. 잘 알고 지내는 사람들이 내가 파는 상품이나 서비스를 주위 사람들에게 홍보해주는 것보다 좋은 마케팅 방법은 이 세상에 없다.

모든 사람은 정도 차이는 있지만 저마다 인맥이 있으므로 이를 잘 활용하면 감자가 덩굴째 딸려 나오듯 소개자 한 사람으로부터 여러 사람을 소개받아 영업을 수월하게 펼칠 수 있다. 그리고 소개자가 연속하여 다른 소개자를 연결하는 무한연쇄 소개로 이어질 수도 있다.

먼저 알고 지내는 자연연고 시장을 잘 관리해야 한다. 자연연고를 발전시켜 비즈니스연고로 만들어 충성 고객화해야 협력자가 되어 소개자로 탈바꿈하고 다시 일당백의 키맨이 탄생하게 할 수 있다.

따라서 자연연고를 토대로 하여 영업을 전개하면서 신규고객이 생길 때마다 이들로부터 소개를 받아낼 수 있게 관리해야 한다. 그런데 소개마케팅 실행에서 자칫 범하기 쉬운 실수가 있다.

맨 처음 영업할 때 '현재 ○○영업을 한다'고 하면 으레 친지나 지인들이 당연히 신규고객이 되어주거나 다른 사람을 소개해줄 것으로 지레짐작하면서 부푼 기대감을 나타낸다. 그리고 그런 마음으로 연고자에게 스스럼없이 부탁한다.

연고자는(평소 잘 알고 지내지만) 여러분이 지닌 판매자 능력과 자질, 취급 상품이나 서비스에 만족은커녕 검증도 하지 못한 상태인데도 무조건 대시한다. 그러면 연고자는 매우 난감해진다. 어떤 경우엔 불안해하기도 한다.

연고자가 소개해줄 형편이나 상황이 안 되면 평소의 친밀감을 무기로 서운한 감정을 토로하기도 하는데, 그렇게 되면 영업하기 힘들어진다. 서운한 감정과 마음의 상처가 얼굴에 투영되어 나약한 사람이나 감정적인 사람으로 비춰지면 연고자라도 여러분을 좋아하지 않게 된다.

안면을 미끼로 무조건 상품을 권유하거나 소개를 부탁하는 것은 사고 싶지도 않은 물건을 억지로 떠넘기거나 자신의 장사를 남에게 대신해달라고 부탁하는 것과 진배없다. 장사를 대신 '안 해준다'고

오히려 상대방에게 화를 내는 꼴이다.

> **비즈니스연고 키워야
> 소개마케팅 싹튼다**

단골이 되면 부탁하지 않아도 고객이 직접 다른 사람을 소개하기도 하므로 자연연고를 반드시 충성고객으로 만들어 소개원이 될 비즈니스연고로 탈바꿈시켜야 소개가 성사된다는 영업철학을 가져야 한다.

자연연고와 비즈니스연고를 혼동해선 안 된다. 자연연고는 단지 안면을 트고 지내는 사이인데 여러분이 요구하면 언제든 상품을 구매해준다고 장담할 수 없다.

이들에게는 또 다른 연고를 맺은 판매자가 무수히 많음을 유념해야 한다. 영업자가 나날이 증가하는 상황에서 자연연고 고객은 많은 연고 세일즈맨 가운데 한 세일즈맨을 선택해야 하는 갈림길에 설 때가 있다.

이때 그 자연연고자가 여러분을 선택해야 비로소 비즈니스연고가 되는 것이다. 자연연고자 가운데 비즈니스연고 고객으로 전환되는 사람은 여러분이 생각하는 숫자보다 훨씬 적다.

여러분이 아는 사람 가운데 30%쯤만 비즈니스연고 고객이 된다고 생각하면 틀림없다. 이것이 냉엄한 비즈니스 세계이다. 그러나 아무리 비즈니스연고 고객이라 해도 상품과 여러분에게 만족해야 소개가 가능하다.

또 아무리 가까운 친지일지라도 구매한 상품에 효용을 느껴야 이를 판매한 여러분에게 만족한다. 그리고 사후서비스에 만족해야 다른 사람에게 자랑하면서 소개하게 된다. 여러분을 소개해줄 구실이 생기게끔 비즈니스연고 고객을 지속적으로 관리해야 한다. 아무리 잘 아는 연고라 하더라도 평상시 활동은 신중하고 정도에 맞게 해야 한다.

날마다 **새로운** 만남

> 만나는 사람 중
> 진짜 상담할 사람은 적다

비즈니스는 사람을 만나야 성사되는 까닭에 하루가 만남으로 시작해서 만남으로 끝을 맺게 된다. 그런데 그냥 스치는 만남이 아니라 진정한 비즈니스를 위해 꼭 만나야 하는 사람은 생각보다 그리 많지 않다. 상품과 서비스 구매를 제안하고 상담하는 고객은 하루에 10명 안팎이다.

방판 업종의 경우 세일즈맨들의 실제 활동일수는(공휴일 제외, 주 5일 근무 경우) 한 달 평균 20일밖에 안 된다. 한 달에 약 200명을 만나고 1년이면 2,400명을 만나는 셈이다. 물론 이들은 처음 만나는 낯선 고객보다는 거듭 만나는 안면고객이 대부분이다. 일반적으로 상품을 판매하기 위해 고객을 방문하는 횟수는 평균 5회이다.

또 매월 CRM(고객관계관리)마케팅을 추진하기 위해 방문하고 사후

서비스를 하면서 소개를 받든지 추가 판매를 하려면 A~B급 유망고객은 한 달에도 수없이 방문할 것이고, 신규와 기존 고객은 매월 정기적으로 1회 이상 만나야 한다. 이것이 기본 영업활동 패턴이다.

안면고객 위주의 만남에서 벗어나라

여기서 반드시 알아둘 사실은 연간 만나는 2,400명의 최소공약수를 산출하면 신규로 만나는 고객 수는 10%인 240명 정도밖에 안 된다는 점이다. 나머지 90%(2,160명)는 안면고객 또는 재방문 고객이다. 즉 1년 동안 새로 만나는 신규고객은 많아야 240명(매월 20명) 정도로 첫 만남 대상자는 하루 한 명도 채 안 된다. 그만큼 만나는 대상자가 안면고객에게 집중되어 있다. 유망고객을 많이 확보하면서 고소득을 창출하려면 날마다 한 명씩 새로운 만남을 마련해 깊은 비즈니스 인연으로 가꾸어야 한다.

기존고객이나 신규고객이 아니라 아직 구매하지 않은 잠재고객(prospects)을 만나 구매고객(shoppers)으로 유도하고, 보통고객(customers)으로 만든 후 단골고객(clients)이 되게 하고, 더 나아가 협력고객(patron)과 충성고객(advocates)이 되도록 이끌어야 한다.

즉 '발굴한 백지고객이 가망고객→구매고객→보통고객→단골고객→협력고객→충성고객'으로 엮그는 전 과정이 끝까지 이어지게 고객관리를 해야 한다. 그래야 영업에서 성공할 수 있다.

당장 실적에만 매달리지 말자. 실적에 매달리면 고객이 돈으로만 보인다. 어떻게 하면 고객을 많이 확보할지에 포인트를 두고 이를 실천해야 한다. 고객확보에 매달리면 고객이 이웃 또는 가족으로 보인다. 이 둘의 의미 차이를 잘 새겨야 한다.

… 인맥점검 위한 필수 질문요소 10가지 …

1. 여러분은 지금 사람을 얼마나 많이 아는가?
2. 여러분이 다른 사람을 생각하듯 상대방도 여러분을 생각할 것으로 확신하는가? 서로 상대방을 맞갖게 생각하는 사람은 얼마나 될까?
3. 상품을 권유했을 때 두말없이 구매해줄 사람은 몇 명일까?
4. 아는 사람 가운데 여러분 일에 도움을 줄 사람은 1년에 몇 명일까?
5. 여러분이 힘들어할 때 두말없이 도와줄 사람은 몇 명일까?
6. 아는 사람 가운데 자기 일처럼 여러분을 도와줄 사람은 몇 명일까?
7. 평생 좋은 관계를 유지하면서 살갑게 대할 진정한 친구는 몇 명일까?
8. 여러분이 너무나 어려운 상황에 처했을 때 자신에게 누가 될지도 손해 볼지도 모르는데도 여러분을 도와줄 사람은 과연 몇 명일까?
9. 여러분에게 긴박한 일이 발생했을 때 보증을 서줄 사람은 몇 명일까?
10. 현업을 시작하기 전과 후에 알게 된 사람의 비율은 어떤가? 언제 사귄 사람들이 유대감이 더 좋은가?

업무제휴로 신규고객 확보

| 일이 안 될 때는 차력하라 |

살다보면 혼자서는 도저히 해결하지 못하는 일이 수없이 많다. 그럴 때 자포자기는 자칫 인생 실패로 이어질 수 있다. 특히 업적으로 능력을 평가하는 직업의 경우 마감에 쫓기면 '때려치우고 다른 일을 할까?' 하는 생각도 하게 된다. 이런 생각은 현재의 일뿐만 아니라 다른 일도 힘들 때면 또 이직을 고려하는 악순환으로 연결될 수 있어 바람직하지 않다. 이왕 일을 시작했으면 현재의 일터에서 올곧게 매조지한다.

그리고 여봐란듯이 자신의 진정한 가치를 확실히 보여준다. 그래야 일의 성공을 넘어 인생성공까지 할 기틀이 조성된다. 프랑스 작가 라 브뤼에르(La Bruyère, Jean de)가 "세상에서 성공하는 데에는 딱 두 가지 방법이 있다. 자기 자신의 노력에 의존하든지 아니면 다른 사람의 힘을 이용하는 것이다"라고 말했듯 일이 안 될 때는 업무제휴로 다른 사람의 힘을 빌리는 차력(借力, borrow)영업이 바람직한 전략이다.

비즈니스에서는 내 능력만으로는 성공할 수 없다. 자신의 능력에 더하여 다른 사람의 능력도 내 것으로 끌어들여 인맥을 넓히고 충성고객 또는 단골고객으로 만드는 인간관계의 기술, 즉 차력이 필요하다. 전국시대 한비자(韓非子)가 말한 "삼류는 자기 능력을 쓰고, 이류는 타인의 힘을 부려먹고, 일류는 타인의 능력을 써먹는다"라는 금언을 명심하면서 머문 일터에서 일류가 되기 위해 차력의 길을 확실하게 닦아야 한다.

비즈니스 성공은
차력 여부로 결정

차력영업이란 다른 사람의 영향력을 활용하여 고객을 소개받고 신규고객을 창출하는 방법으로, 업무제휴 마케팅의 일환이다. 다른 계통에서 일하는 세일즈맨, 자영업자, 전문직 종사자와 업무제휴를 해서 소개원을 만들어 신규고객을 확보하는 방법이다. 고생해본 사람이 힘들게 사는 사람의 고충을 이해하듯, 영업을 해보았든지 하고 있는 사람만이 애로사항과 심경을 헤아릴 수 있기에 상생하는 마음으로 자신의 우량고객을 소개해줄 수 있다.

이제부터는 '아는 사람이 별로 없다'고 한탄하지 말고 차력을 하자. 특히 기업체에 소속된 경우 자회사 간에 정보를 공유하고 피소개자 정보를 입수하여 이를 서로 적절하게 활용하는 차별화된 마케팅전략이 필요하다.

세분화된 고객 DB는 피소개자의 자격조건 등 개개인이 입수하기 어려운 제반 정보가 담긴 소중한 보고이다. 이를 활용하여 소개확보에 물꼬를 트면 영업 활로는 저절로 열릴 수 있다.

다만 자회사끼리 보유한 고객정보를 공유하여 활용할 때 단순히 정보전달에 국한하면 좋은 성과를 기대하기 어렵다. 소개마케팅은 반드시 소개자와 피소개자의 신뢰가 구축되어야 클로징에 이를 수 있기 때문에 정보 공유 과정에서 정보교환자와 소개의뢰자가 확실히 친밀한 관계가 되도록 만들어주는 전제조건이 성립되어야 한다. 그렇지 않으면 정보교환 자체가 무의미해진다.

이를 올곧게 추진하려면 자신과 파트너 또는 자회사 지점별(팀별)로 파트너십을 공고히 해야 한다. 정보제공자들끼리 ① 영업에 지장을 주지 않으면서도 소개확보를 이끌어내고, ② 영업노하우를 공유하여 업그레이드된 세일즈 스킬을 익히며, ③ 고객에게도 양질의 상품을 구매하도록 서로 주선해 상생의 가치제고 방향으로 정보를 공유해야 한다.

자회사끼리 고객정보를 공유하여 소개마케팅이 활성화되려면 먼저 고객을 만족시키고, 신뢰감을 형성하고, 동업자적 정신으로 상생효과를 구현하는 '기브 앤드 테이크'를 철저하게 실행하려는 자세가 중요하다.

이제부터라도 자신의 일과 완전히 다른 업종에서 일하는 사람이 있는지 살펴보면서 이 방법을 활용해보자. 누구나 주변에 아는 사람, 자신과 직업이 다른 사람은 있기 마련이므로, 이들을 최대한 활용해, 내가 못하는 소개의 물꼬 트기를 다른 비즈니스맨을 통해서 할 수 있게 차력을 실시하면 좋은 성과를 거둘 수 있다. 영업마인드가 서로 통하기 때문에 기존고객에게 소개받는 것보다 한층 더 능률적이고 효과도 크다.

원원효과를 보아야 교차 소개가 잘 성사된다. 특히 고객과 고객을 연결하는 끈끈한 네트워크를 만들어야 고객확보가 이어져 지속적으로 소개의 물꼬를 틀 수 있다.

… 업무제휴로 소개확보를 하기 위해 갖춰야 할 8가지 …

1. 취급 상품이 보편타당해야 한다.
   다른 세일즈맨과 비교했을 때 특정인들에게 필요한 특화된 상품이면 업무제휴가 계속적으로 이루어지기 곤란하다.
2. 구매에 연속성을 띠면 더욱 좋다.
   이것은 고객관리를 수반하므로 지속적인 관계형성을 가능하게 한다.
3. 1 : 1 마케팅이 가능한 고객정보를 제공한다.
   집단이나 불특정 다수가 아닌 한 사람 한 사람에 관한 정보를 교환한다.
4. 세일즈맨에게 소개자의 이름 인용이 허락되어야 한다.

이것은 소개영업의 핵심이다. 그렇지 못하면 개척판매와 다름없다.

5. 소개한 업무제휴자가 끝까지 책임져야 한다.

   전화, 메일, 소개장 등을 활용하여 소개자의 영향력이 충분히 발휘되어야 한다.

6. 신의성실에 따른 정도영업을 해야 한다.

   업무제휴 마케팅에서 신뢰는 가장 중요한 요소이다. 서로 신뢰가 없으면 소개는 근본적으로 불가능하다.

7. 취급하는 상품과 제공하는 서비스가 서로 완전히 달라야 한다.

   조금이라도 비슷한 유형의 상품을 다른 세일즈맨이 취급하면 자기 시장을 빼앗기는 최악의 결과를 초래할 수도 있다.

8. 상호 제공한 정보를 다른 곳으로 유출하지 않는다.

   제공받은 고객의 정보를 다른 목적에 한 번이라도 이용하면 세일즈 생명을 단축시키는 치명적인 결과를 가져올 것이다. 소개확보 이외의 목적에 고객의 정보를 이용하면 절대로 안 된다. 이는 영업인으로서 가장 기본적 책무요 도덕적 신뢰문제다.

소개를 쉽게 이끌어내는 기술

> **내가 언제든지 나를 살 수 있나**

"인생에서 가장 중요한 판매는 나 자신에게 나를 파는 것이다"라는 말은 미국의 심리학자인 맥스웰 몰츠(Maxwell Maltz)가 성공한 사람들을 만난 결과 내린 비즈니스 정의이다. 나 자신이 '나를 살 수 있다'는 확신이 들 때 남에게 나를 인정받을 수 있다.

남에게 소개를 받으려면 먼저 나부터 떳떳하게 나를 언제든지 살 수 있고 또한 다른 사람에게 나를 언제든지 소개할 수 있는지 마음의 거울을 보면서 진심으로 생각해야 한다.

여기서 여러분의 마음이 흔쾌히 'OK!' 사인을 할 때에만 남에게 소개를 부탁한다. 그렇지 않으면 소개를 부탁해도 그 대답은 허공에 머물게 된다. 내가 나를 인정하지 못하는데 어떻게 남에게 나를 신뢰하며 다른 사람을 소개해달라고 부탁하겠는가?

> 소개 마음이
> 움트게 노력하라

고객이 여러분을 남에게 소개하고 싶을 만큼 여러분의 설명이나 행동이 전문가답고, 여러분에게 인간적인 매력이 있다면 고객은 소개에 전혀 주저하지 않을 것이다.

그러나 고객이 여러분을 다른 사람에게 소개했을 때 '왜 이런 사람을 보냈을까?'라는 생각이 들게 한다면 소개한 사람은 난처할 수밖에 없다. 또 강요나 구걸에 의한 세일즈는 오래갈 수 없다. 고객 스스로 세일즈맨이 권유하는 상품을 구매함으로써 어떤 문제점을 해결할 수 있다는 필요성을 느끼고 상품의 효용가치에 만족해야 소개할 마음이 움튼다.

여러분이 권하는 상품 또는 서비스에 고객이 진정으로 필요하다는 마음이 움트고 구매 욕구가 일어 구매 후 만족도가 매우 높으면 그 고객은 주변 사람에게도 권할 것이다.

이런 경우 여러분의 요청만 있다면 다른 고객 소개를 마다할 이유가 없다. 따라서 고객에게 소개를 의뢰할 때는 반드시 고객이 다른 사람을 소개할 경우 여러분이 성공적으로 뻗어나갈 수 있어 좋고, 그를 소개받는 사람도 여태까지 필요성을 전혀 몰랐던 상품 또는 서비스를 제공받아 만족과 기쁨을 누려 좋다고 고객이 인식하도록 만드는 노력이 선행되어야 한다.

평소에 고객관리를 잘해서 '이 사람은 능력, 자질, 인간성 등에서 확실히 믿을 수 있다'는 확신을 심어주어야 한다. 소개 부탁을 거절하는 고객 가운데는 소개가 여러분에게 왜 중요한지 미처 알지 못하는 이들이 많다. 그런 고객에게는 소개한 사람에게 강요하거나 부담을 절대로 주지 않겠다고 분명하게 알려서 신뢰감을 심어준다.

| 고객에게 소개하고 싶은 마음이 들게 하는 8가지 |

① 본인의 소득보다 고객의 이익을 위해 노력하는 진지한 모습이 보일 때
② 전문가로서 자질과 자세가 엿보여 다른 사람에게 소개해도 누가 되지 않을 때
③ 구매 후 상품의 유효기간(감가상각기간)이 종료될 때까지 변함없이 대하면서 클레임이 발생하면 언제든 서비스받을 수 있다고 확신할 때
④ 전문가로서 언제나 진정성과 성실함을 보일 때
⑤ 고객을 가족같이 배려하고 대하려고 노력할 때
⑥ 상품을 팔기 전에 자기 인품을 팔려는 노력이 엿보일 때
⑦ 고객과 영업인만 국한하지 않고 생활의 동반자와 더불어 비즈니스 멘토까지 되어줄 때
⑧ 상품의 기능뿐 아니라 철학과 가치를 함께 세일즈하려는 교감 의식을 보일 때

위의 여덟 가지 조건이 세일즈맨에게 구비되었을 때 고객은 상호 교감의 교류가 싹트고 강한 인간관계를 형성하려는 의지가 생기게

되고 이로 인해 로열티가 향상되어 충성고객으로 변한다. 충성고객이 되어야 세일즈맨에게 매력을 느끼면서 다른 사람을 아낌없이 소개해주고 싶은 마음이 싹튼다.

고객은 세일즈맨이 자신과 다른 사람에게 도움을 줄 수 있고 세일즈맨의 사업성공이 소개에 달려 있음을 알면 기꺼이 소개도 하고 추천도 해준다.

··· 소개를 쉽게 이끌어내는 10가지 기술 ···

1. 소개를 잘해줄 키맨인 구루(guru)를 확보한다.
2. 고객카드를 DB 처리하고 협력자를 확보한다.
3. 정보 제공자를 적극 활용한다.
4. 인터넷 카페, 블로그, 홈페이지도 만들고 트위터 등 SNG(satellite news gathering, 위성을 이용한 뉴스 송수신 시스템)도 운영한다.
5. 해피콜, 문자메시지, 이메일을 정기적으로 보내고 DM도 보낸다.
6. 고객 네트워크를 활용한다.
7. 구매 후 더 가까워지도록 노력한다.
8. 동업자 정신으로 고객을 대한다.
9. 고객을 가족처럼 대한다.
10. 인맥관리를 위해 고객의 경조사에는 빠짐없이 참석한다.

Tip

직업상담사(2급 이상) 자격증을 소지하고 있는 유료직업소의 상담사 또는 헤드헌터를 세일즈 도우미로 활용하는 것도 소개확보의 한 방법이다. 특히 헤드헌터는 영향력 있는 사람을 많이 알고 있으므로 헤드헌터에게 소개를 의뢰하는 사람은 단순히 상품을 구매하는 고객만이 아니라 자신의 영업인생에 디딤돌이 되어줄 협력자 또는 키맨 소개를 부탁하는 것이 더 효과적이다. 단순히 고객 한 명 소개에 대한 커미션을 지불하는 것보다는 협력자 역할을 할 만한 사람을 소개받는 것이 소개마케팅을 일구는 디딤돌이 된다.

주의할 점은 헤드헌터를 통해 고객을 소개받았다고 해서 모두 양질의 계약으로 성사되는 것은 아니라는 점이다. 어떤 헤드헌터를 만나느냐에 따라 고객의 수준이 결정되기 때문이다. 소개의뢰를 할 때에는 어떤 이유와 목적으로 하는지, 추천 대상자의 조건과 비용 지불 등은 어떤지 확실히 약정해야 한다.

일이 성사되어 피소개자를 만날 때에는 지인을 통한 소개 형식으로 하는 것이 바람직하다. 왜냐하면 헤드헌터에게 소개받았다고 하면 돈이 따른 거래로 성사된 것에 강한 불쾌감과 함께 거부감을 나타낼 수 있기 때문이다. 둘만이 아는 것으로 하면서 자연스럽게 소개자를 만나는 마음 씀씀이가 중요하다.

고객만족이 소개를 낳는다

고객의 마음을 헤아려라

세계적 경영사상가 톰 피티스(Tom Peters)는 "잃어버린 고객 중 70%는 가격이나 품질의 문제가 아니라 제품이나 서비스를 공급하는 업체 사람들의 거래(판매, 서비스)행태가 마땅치 않았기 때문에 잃어버린 것이다. 고객이 거래를 중단한 이유는, 첫째 품질의 문제(15%), 둘째 가격의 문제(15%), 나머지는 사람이 못마땅해서이다"라고 했다.

고객은 마음속에 저울을 가지고 있어서 기대 이하일 때는 불만족을, 기대 이상일 때는 대만족을 표시한다. 고객이 대만족을 보일 때 소개를 부탁하면 소개 성공 확률이 가장 높다. 따라서 자신의 가치가 돋보이게 능력을 발휘하고 언제나 고객의 마음을 헤아리면서 상품과 서비스에 만족하게 컨설팅하고 사후관리를 철저히 해야 한다.

··· 고객의 기대감에 대한 결과 ···

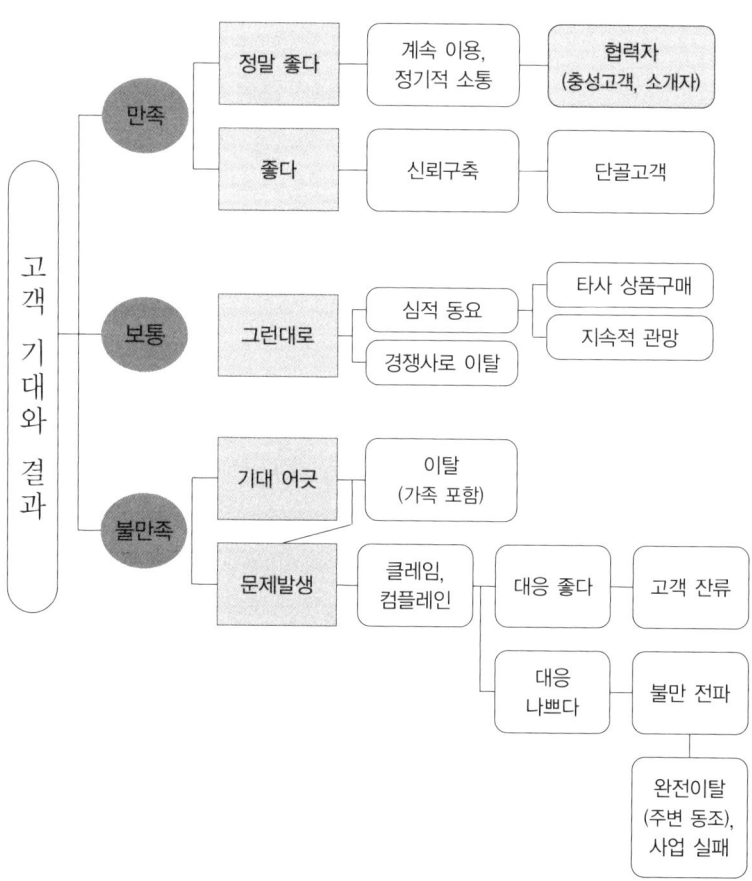

기존고객은 **반드시 협력자**로

> 부챗살처럼 뻗어나가는
> 소중한 인맥

비즈니스에는 단골고객이 반드시 필요하다. 단골은 알음알음 소개로 오는 경우가 많다. 실제로 주변 상가나 잘 나가는 체인점 등을 방문 조사해보면 대부분 주변에 아는 사람 있으면 소개해달라고 한다.

유망고객을 발견할 때 세일즈맨 한 사람의 힘으로는 한계가 있으므로 계약을 체결한 후 그 고객의 연고자나 지인으로부터 반드시 소개를 받아야 한다.

연고나 기계약자와의 관계형성 과정은 부챗살 같다. 부챗살이 뻗어가는 것처럼 소개에 소개를 더하면 가망고객을 손쉽게 확보할 수 있고 성적과 수입은 점점 오른다. 연고시장이 탄탄하지 못할 경우 그간 일군 기존고객(시장)은 소개의 '불씨'를 만들 소중한 보고가 되므로 기존고객 가운데 협력자를 양산하고 또 이들 중 누구를 키맨으로 만들어 소개로 이어지게 할지를 모색한다. 먼저 '저 사람이면 안심하고 다른 사람에게 소개할 수 있다'는 신뢰감을 주는 것이 중요하다.

> 기존고객을
> 협력자로 만들어야 성공

"사업을 할 때 거래처를 늘리기 위해 노력하는 태도는 매우 중요하다. 그러나 현재의 고객을 소중히 여기는 것도 그에 못지않게 중요하다. 극단적으로 말하면 한 명의 고객을 소중하게 여기고 지키는 것은 백 명의 고객을 늘리는 것과 같다. 반대로 한 명의 고객을 잃는 것은 백 명의 고객을 잃는 것과 같다는 마음으로 사업을 해야 한다."

일본에서 경영의 신으로 불리는 마쓰시타전기의 창업자 마쓰시타 고노스케(松下幸之助)가 한 말이다. 새로운 고객도 중요하지만 기존고객이 얼마나 중요한지를 알려주는 경구다. 따라서 영업을 어느 정도 한 사람이라면 반드시 '기존고객은 반드시 협력자로 만들겠다'는 자세를 견지하면서 공략한다.

소개를 의뢰하기 전에 먼저 기존고객에게 최선을 다했는지 자문해야 한다. 기존고객에게 최선을 다했다면 그 고객은 여러분을 다른 사람에게 기꺼이 소개할 것이다. 고객을 일회성 고객으로만 생각하지 말고 영업에 종사하는 한 없어서는 안 될 가장 소중한 자원으로 생각하면서 상대해야 한다.

그렇게 하려면 고객이 스스로 단골고객이요 협력자라는 인식을 갖도록 만들어야 한다. 늘 마음속 저변에 '나는 당신이 없으면 현재 위치에서 이렇게 성공적으로 일하지 못했을 것이다' 라는 감사 표시를 정중하게 하여 고객이 자만심이 아닌 우쭐한 마음이 들게끔 유도해야 한다.

그래야만 고객은 자신이 그런 소중한 존재임을 인식하면서 소개 부탁을 해도 그리 큰 거부감을 나타내지 않고 소개 부탁 자체를 의미 있게 받아들인다.

기존고객은 상품에 좋은 이미지를 가지고 있으므로 새로운 상품이 나오면 추가구매도 가능하다. 새 상품이 나오면 반드시 연락하여 상품내용을 알려줌으로써 평소 기존고객의 관리 상태와 충성 여부를 지속적으로 점검할 필요가 있다.

좋은 협력자는 가장 확실한 시장기반

판매의 성공과 실패에는 영업능력, 마케팅 기술, 인격, 신용, 성실, 근면, 프로십 등 제반 요소가 크게 작용한다. 그러나 개인의 힘에는 한계가 있으므로 협력하는 사람이 많아야 한다. 판매능률을 높이고 고소득의 영업 달인이 되려면 양질의 협력자를 많이 발굴하고 확보하여 효과적으로 활용할 수 있어야 한다.

최초의 협력자를 만들어 상시 유대관계를 맺으면 피소개사가 꼬리를 물고 이어져 판매력을 지속적으로 향상시킬 수 있다. 협력자를 많이 확보하면 그만큼 판매 기반이 넓어진다는 것이므로 성공으로 도약하는 지름길이 된다.

> ## Tip
>
> 신규고객에 대한 소개의뢰는 상품구매 후 니즈환기가 잘되었을 때 하는 것이 효과적이지만, 기존고객에게는 언제 어느 때이든 소개를 의뢰할 기회가 올 수 있다. 신규고객은 아직 낯설어 소개해달라고 말하기가 불편할 때가 있지만, 기존고객은 계속 친밀한 관계를 맺어왔으므로 소개 부탁을 자연스럽게 할 수 있다. 따라서 그만큼 공을 들이면 손쉽게 접하면서 소개의 씨앗을 다양하게 움트게 할 수 있다.
> 만약 기존고객에게 소개의뢰를 부탁했는데 달갑지 않다는 듯 반응했다면 고객서비스에 문제가 있든지 아니면 인간관계에 문제가 있든지 둘 중 하나이므로 냉정하게 분석하고 반성해야 한다.

소개마케팅에 담긴 16가지 법칙

소개마케팅에는 다음과 같은 15가지 법칙이 담겨 있다. 이 15가지 법칙이 유기적으로 조합을 이루면서 시너지 효과를 창출한다. 단순한 일회성 소개확보에 따른 판매가 아닌 꼬리에 꼬리를 물고 고객을 연쇄적으로 확보하게 해주는 소개마케팅이 이루어진다.

다음의 15가지 법칙을 이해하고, 가치를 키우고, 비즈니스 내공을 다지면서 소개마케팅의 길을 가자.

1. 인과의 법칙

세상에서 변하지 않는 진리는 인과율(因果律, law of causality)이다. 뿌린 만큼 거두게 되어 있다. 인맥의 씨앗을 잘 뿌려야 소개라는 열매를 얻는다. 알찬 열매를 거두기까지 부단히 노력하는 로키(low key, 드러내지 않고 조용한)전략이 필요하다.

2. 인연의 법칙

모든 것은 좋은 만남의 인연에서 비롯한다. 첫인상을 좋게 만들기 위해 이미지 메이킹에 신경 쓴다. 계속적으로 좋은 인연을 만들기 위해 베풂의 영업을 한다.

3. 보상의 법칙

은혜를 받으면 보상심리가 강해진다. 판매에 목적을 두지 말고 마음을 먼저 사로잡으려는 자세를 견지한다. 남들이 다 하는 서비스로는 고객을 내 편으로 만들 수 없다. 진정성 있고 차별화된 서비스로 고객에게 마음의 빚을 갖도록 만든다.

4. 통제의 법칙

자기관리 여부에 따라 이미지가 구축된다. 언제나 'KASH의 4법칙'을 충실히 이행하여 확실한 나(전문가)를 만든다.

5. 신념의 법칙

하고자 하면 이루어진다. 강한 신념은 잠재능력을 깨운다. 늘 '할 수 있다'는 강한 신념으로 무장한다.

6. 집중의 법칙

한 가지 일에 전념하면 일의 시너지 효과가 두 배 이상 커진다고 한다. 철저하게 목표를 수립하고 오로지 소개확보에 전력을 기울인다.

7. 인력의 법칙

비즈니스는 사람 사이의 관계로 모든 일이 성사된다. 모든 일은 사람의 힘에 좌우됨을 알고 사람을 내 편으로 만든다.

8. 상응의 법칙

남에게 베풀면 그에 따른 대가가 반드시 돌아온다. 어떻게 고객을 대해야 그에 따른 대가가 착실히 주어지는지 생각하며 실행한다.

9. 황금률의 법칙

세상의 이치는 서로 이익을 공유하는 것이다. 주고받는 것이다. 내가 준 만큼 다른 사람도 내게 준다. '테이크' 이전에 '기브'가 선행되어야 한다. 무엇을 주어야 고객의 마음을 사로잡을지 모색한다.

10. 백금률의 법칙

고객을 내 편으로 만들려면 감동을 주어야 한다. 내 이익보다 고객을 우선하고 고객을 먼저 배려할 때 비즈니스는 성공으로 다가온다.

11. 인맥의 법칙

좋은 만남은 좋은 비즈니스를 만들어준다. 장사 밑천은 고객확보다. 고객확보가 성공 여부를 판가름하므로 늘 좋은 인연을 만들려는 노력을 견지한다.

12. 인내의 법칙

고생 끝에는 반드시 낙이 오기 마련이다. 인내는 쓰지만 그 열매는 달다는 진리를 철칙으로 여기며 계획을 세우고 목표를 달성할 때까지 차근차근 매진한다.

13. 긍정의 법칙

부정은 일의 실패를 낳고 긍정은 일의 성공을 가져온다. '하면 된다'는 강한 신념을 안고 천직으로 여기면서 즐겁게 일한다.

14. 정성의 법칙

손끝과 발끝에 정성을 모아라. 고객은 억척같이 뛰는 발끝과 살갑고 정성을 담아 다가오는 손끝에 감동한다. 마음씨가 손과 발을 통해 정성 어린 땀으로 묻어나오면 고객은 감동한다.

15. 상생의 법칙

더불어 살아가는 삶의 의미를 깨닫는다. 서로에게 도움이 되는 상생의 비즈니스가 되어야 성공한다. 윈윈이 되게 항상 전략과 전술을 모색한다.

16. 마중물의 법칙

마지막 남은 한 바가지의 물을 아낌없이 펌프에 부어야만 새로운 생명수가 콸콸 나오듯 비즈니스 또한 당장 실적이 급하다고 계약체결의 우선원칙을 고집하면 모든 것을 놓치게 된다. 어려울 때일수록 고객을 먼저 생각한다면 고객은 저절로 감동하게 된다.

Tip

탈무드에 나오는 유명한 율법학자인 랍비 아키바(Akiva)가 임종할 무렵에 아들이 말했다. "아버지! 아버지 친구 분들께 제가 얼마나 공부를 열심히 하는지 말씀해주십시오." 아들은 꽤 우수한 젊은이였다. 아키바는 이렇게 대답했다. "아들아, 나는 너를 추천할 수 없다. 왜냐하면 너에 대한 소문이 가장 좋은 소개장이니까 말이다." 평판이란 소개장 수천 장을 세상에 뿌리는 것과 같다. 자신이 이룬 업적을 소문으로 전파하는 것만큼 큰 울림으로 다가오도록 웅변적으로 말해주는 것도 없다. 그 소리는 넓고 높고 깊게 퍼진다. 나를 긍정적으로 알려주는 소문이 가장 좋은 소개장이다.

소개마케팅 성공 위한 13가지 기술

| 소개마케팅 성공의 전제조건 | 소개마케팅의 성공비결은 어려움을 극복하려는 의지와 열정, 끊임없는 자기관리와 자기계발, 고객을 향한 알뜰한 배려와 관심, 사심 없

는 마음 씀씀이와 이익의 공유, 고객의 무한한 신뢰 등에 있다.

소개마케팅은 다른 마케팅과 전개방법이 사뭇 다르다. 사전에 고객과 돈독한 신뢰관계를 구축한 뒤에야 그 성과물이 소개확보로 이어질 수 있는 인간친화적 마케팅이다. 따라서 고객에게 친밀감을 얼마나 심어주고 진정성 있는 신뢰감을 갖게 하느냐가 소개마케팅 성공의 전제조건이다.

소개마케팅 성공을 위한 영업인의 자세와 역할을 13가지로 나누어 살펴본다.

1. 뚜렷한 목표를 갖고 매진한다

리 아이아코카(Lee Iacocca)가 36세 때에 포드자동차 부사장에 임명되었을 때, 아이아코카 자신만큼 기뻐하고 놀란 사람도 없었다. 자신이 세운 목표가 한 치의 오차도 없이 달성되었기 때문이다. 그는 리하이대학 시절에 '35세까지 포드자동차의 부사장이 되고야 말겠다'는 확고한 목표를 세웠다.

뚜렷하고 확신에 찬 목표가 있는 사람과 목표가 없는 사람의 차이는 나중에 결과물로 명확하게 나타난다. 아무리 열심히 노력해도 영업목표가 없으면 길 잃은 양처럼 언젠가는 도전의식과 달성의지가 사라지기 때문이다. 결국 성공과 거리가 먼 삶을 살아가게 된다.

하버드대학 연구소의 조사에 따르면 몇 십 년 연구했지만 목표를 가지고 있지 않은 사람들이 성공한 예는 한 번도 없었다고 한다. 그만큼 목표를 갖고 세일즈에 임한다는 것은 매우 중요하다.

2. 열정을 갖고 전문가의 자세를 견지한다

비즈니스로 성공하고 싶으면 스스로의 영업 철칙을 세워 이를 실천해야 한다. 프로로서 직업에 대한 확신과 자긍심을 인프라로 삼고 그 위에 모든 열정과 목표의식을 불태우는 것이다. 열심히 하는 것과 맞바꿀 수 있는 것은 아무것도 없다.

끈질기게 고객을 찾아다니고 신뢰를 구축하여 소개확보를 꼭 일구겠다는 강한 집념이 있어야 한다. 결코 고객을 놓치지 않겠다는 확고한 신념과 자세, 판매는 그렇게 노력하는 사람에게만 성공으로 다가온다. 나 스스로 전문가라는 사고를 갖고 프로로서 일을 사랑하며 무장한다. 프로십이 없으면 고객은 다른 사람을 소개해주지 않는다. 즐거움을 선사하는 호르몬인 도파민을 분비시켜 일을 사랑하는 열정적인 모습을 자신에게 보여준다.

3. 꿀벌의 상생정신을 닮는다

꿀벌은 꽃에서 꿀을 얻고는 절대로 그냥 돌아오지 않는다. 수술의 꽃가루를 암술에 묻혀주어 결실을 맺게 함으로써 다음 해에 또다시 꿀을 얻을 수 있게 추가 수확의 씨를 심고 온다. 따라서 벌처럼 동업자 정신을 갖고 상생의 자세로 일해야 한다.

벌은 꿀을 얻고 꽃은 씨앗을 퍼트려 자손을 번창시키는 윈윈효과를 거두는 것이다. 그것이 고객의 신뢰를 낳고 소개를 움트게 하는 방법이다. 원하는 것을 얻으려면 먼저 씨를 뿌려야 한다는 자연의 법칙을 영업 모토로 삼는다. 고객에게 나를 도와달라고 요구할 게 아니라 고객이 내게 협조적이 되도록 분위기를 연출한다.

"고객의 성공을 돕다 보니 스스로도 크게 성공했다. 고객이 사회적으로 성공하고 사업이 번창해 나갈수록 영업도 점차 잘되고 고객 수도 많아졌다." 보험영업을 30년 동안 하면서 2,500여 명의 고객을 확보하였고 연도대상 6회 수상, 회사 명예전무 등 화려한 이력을 소유한 교보생명 강순이 씨가 한 말이다. 고객을 가족처럼 여기면서 상생의 정신으로 평생 영업을 할 각오로 임하는 자세가 중요하다.

4. 평소 고객 정보수집에 신경 쓰고 기록한다

누구나 인맥이라는 네트워크 속에서 살고 있다. 영업의 세계는 더욱 그러하다. 나를 알고 상대방을 알아야 쉽게 성사되므로 장사 밑천인 고객 정보를 얻고 이를 바탕으로 가망고객에게 접근할 때는 좀 더 정밀하게 진행한다. 걸러내고 평가하고 조감하면서 자신 있게 접근한다. 이를 평소 생활화한다. 늘 메모지를 갖고 그때그때 생각나는 사람, 주위 사람들이 말하는 사람의 신상을 적는다. 고객에게 받은 명함은 빠짐없이 개인노트에 별도로 기록한다.

5. 자신만의 아우라를 만든다

점점 치열해지는 시장에서 고소득전문가로 입지를 굳히려면 경쟁에서 비교우위에 서야 고객 로열티를 향상할 수 있다. 이는 나만의 아우라(aura, 흉내 낼 수 없는 고고한 분위기)를 만드는 데서 출발한다. 매력이 돋보이도록 잠재능력을 표출해 이미지를 제고한다. 이렇게 하려면 먼저 어떤 브랜드 철학으로 어떻게 소비자와 교감할지 생각하면서 상품의 기능뿐 아니라 철학과 가치를 함께 세일즈해야 한다.

6. 키오스크 시대 주문형 맞춤 프로가 된다

지금은 키오스크(Kiosk, 눈길 가는 곳 어디에나 있는 간이판매대로 소비자 자신이 원하는 물건을 사는 곳) 시대다. 정치·사회·경제·문화 모든 면에서 소비자, 일반 대중이 권한을 행사하는 시대이므로 상품을 선택하는 권한은 판매자가 아니라 소비자에게 있다. 마음만 먹으면 어디든지 가서 상품을 취사선택할 수 있는 열린 시대다.

따라서 고객의 욕구를 충족시킬 수 있도록 진정한 주문형 맞춤 프로로 거듭나 자신의 상품가치를 드높여야 한다. 그러려면 소개의뢰 전에 자신의 상품가치를 드높여야 한다는 전제조건을 충족해야 한다. 소개는 부담이 되므로 누구나 함부로 해주지 않는다. 소개의 '불씨'를 심고 가꾸는 데에는 노력과 시간이 많이 들어가므로 'KASH의 4법칙'을 완전히 익힌 다음 고객에게 신뢰와 진정성, 직업적인 전문성을 심어주는 것이 키오스크 시대 소개마케팅의 성패를 좌우하는 바로미터다.

7. 사람을 남기는 영업을 한다

비즈니스에서 성공하려면 '나를 위해 계산하지 말자'는 원칙으로 임해야 한다. 고객을 대할 때 얼마나 이득일지, 얼마나 이익을 안길지를 먼저 생각하면 안 된다. 고객 입장에서 생각하고 고객의 이익을 위해 진정성을 갖고 컨설팅을 해야 한다. 무재칠시(無財七施, 가진 것 없이 남에게 베풀 수 있는 일곱 가지)를 가슴에 새겨 나눔의 미학을 실천해야 한다. 유시유종, 처음 고객을 만났을 때 마음이 계약 체결 이후에도 변함없도록 한다.

눈앞의 이익보다는 조금 손해를 보더라도 고객 입장에 서서 고객의 이익을 위해 노력하는 진실한 모습을 보여준다. 자신과 상대방에게 즐거움을 주는 엔도르핀(endorphin)을 불러일으켜 언제나 미소를 띠고 고객에게 다가가고, 진심으로 고객 입장을 이해하면서 그들에게 이익을 안기려는 사고로 영업을 하면 고객은 자연스럽게 여러분을 신뢰하며 다른 사람을 소개해줄 것이다. 소탐대실이 아닌 풍성한 수확을 고객은 당신에게 안겨줄 것이다.

8. 언제나 고객을 가족처럼 여긴다

이웃과 고객은 개념이 매우 다르다. 가족은 이웃과는 더욱 다르다. 마음으로나마 고객을 가족처럼 대하려는 자세를 견지하면 어느새 고객은 상거래 대상이 아니라 가족으로 다가올 것이다. 그러면 고객 또한 여러분을 가족처럼 여길 것이다. 이렇게 전개되면 여러분이 소개를 부탁만 한다면 소개가 자연스럽게 이루어진다.

9. 소개자 발굴에 전력을 기울인다

모든 영업에서 가장 중요한 이슈는 소개원이 될 영향력 있는 고객, 즉 구루를 발굴하는 것이다. 소개마케팅에서 가장 중요한 요소는 소개자 역할을 자임할 협력자를 발굴하는 것이다. 그런 고객이 있는 곳이라면 어디든 찾아가지만 미리 준비하고 가야 한다.

마음속에 항상 소개의 싹을 키우면서 한 사람을 만나도 대수롭게 여기지 말고 소개자로 확보할 만한 대상인지 눈여겨보는 씀씀이를 발휘한다. 그중에서 소개자로 집중 배양할 만한 일당백의 키맨 같은 고객을 찾아 육성하는 데 전력을 기울인다.

… 사람들이 남을 말하는 네 가지 스타일 …

사람들이 말하는 유형을 관찰하면 다른 사람을 빗대어 말할 때 심리적으로 가장 많이 입에 오르내리는 대상은 다음 네 가지 범주에 모두 들어간다. 네 가지 스타일 중 첫째, 둘째, 셋째가 협력자 또는 소개자로 발굴·육성하면 적합한 유형이다. 대화할 때 이를 눈여겨보아 소개의뢰할 때 적극 활용하는 것이 바람직하다.

첫째, 자기가 존경하는 사람

① 닮고 싶은 사람, ② 사귀고 싶은 사람, ③ 친밀하게 지내고 싶은 사람, ④ 아는 사이라고 남에게 자랑하고 싶은 사람

둘째, 언젠가는 보답해야 할 사람

① 다른 사람에게 도움을 많이 받은 사람, ② 은혜를 입었거나 협조를 받은 적이 있는 사람, ③ 취직, 시험, 사업 등에서 약간이라도 도움을 받은 사람

셋째, 자기가 도움을 줄 수 있는 사람

① 자기를 믿고 신뢰하는 사람, ② 자기 말이라고 하면 끔뻑 죽는 시늉도 할 사람, ③ 평소 믿고 잘 따르는 사람, ④ 허물없이 지내는 사람

넷째, 자기가 싫어하는 사람

① 평소 못마땅하게 생각하는 사람, ② 주는 것 없이 미운 사람, ③ 나보다 잘난 체하는 사람, ④ 자신을 평소 괴롭히는 사람

10. 고객의 가치 있는 삶을 위한 화수분이 된다

나에게 소득을 안기는 고객을 위해 고객의 삶의 가치를 일깨우는 화수분을 자처한다. 고객은 내게 소득을 안겨준다. 그럼 나는 고객에게 무엇을 주어야 고객의 신뢰를 더 받고 고객을 충성고객으로 만들지를 늘 자문하면서 실천방법론을 모색한다. 고객이 나를 만난 것을 고마워하고 자랑할 정도로 만든다면 어느 비즈니스건 큰 성공을 거둘 것이다. 언제나 고객에게 이익을 남기는 사람이 돼라.

11. 농부의 질박한 마음을 지닌다

농사의 주기와 판매 사이클은 유사점이 매우 많다. 농부는 씨앗을 파종하기 전에 좋은 종자를 고른 다음 밭을 간다. 세일즈맨은 영업활동을 효율적으로 하기 위해 활동지역이나 방문처를 미리 선정하면서 만반의 준비를 한다. 농부가 씨를 뿌릴 때 유실에 대비해 많이 뿌리듯 세일즈맨은 고객을 많이 발굴하면서 소개의 씨앗도 함께 뿌려야 한다.

농부가 땀의 결실을 수확하듯 세일즈맨은 배양해놓은 소중한 고객들로부터 판매라는 기쁨을 맛본다. 내년 농사를 잘 짓기 위해 밑거름을 주고 객토 작업을 하듯 소개확보를 이끌어내기 위해 지속적

으로 애프터서비스를 펼쳐야 한다.

　농부가 농사를 짓는 방법에서 기다림의 미학과 로키전략의 수립 실천, 온 정성을 쏟는 질박한 마음, 내년을 생각하며 튼실한 종자를 고르는 정신을 배우고 익히면서 끈기를 갖고 고객을 배양해야 한다.

12. 확장성이 큰 SNS를 적극 활용, 트위터리안이 된다

　캐나다 토론토대학 교수인 미디어학자 마샬 맥루한(Herbert Marshall McLuhan)이 "매체가 메시지다"라고 말했듯이 미디어 매체는 상대방에게 내 이미지를 좋은 방향으로 보이게끔 만들어주는 매우 유용한 도구다. 활용할 수 있는 미디어를 적극적으로 내 편이 되게끔 이용하는 기술이 필요하다.

　따라서 온라인 시대에는 확장성이 매우 넓은 네트워크 기능이 큰 영향력을 발휘하므로 그에 걸맞은 마케팅 전략을 세워야 한다. 전체 온라인 이용자의 1%가 최초로 글을 올리면 9%가 그 글을 편집하거나 댓글을 달아 반응하고, 90%는 별도의 반응을 하지 않고 올라온 콘텐츠를 열람한다는 '1 : 9 : 90'의 법칙을 마케팅에 적극적으로 도입하여 SNS를 통한 커뮤니케이션을 강화한다.

　특히 SNS의 대표 매체인 트위터의 주도적인 트위터리안(twitterian)이 되도록 평소 SNS 사용자들에게 동질감을 갖게 하고 도움이 되는 각종 유익한 정보를 수집하면서 효과적인 활용법을 지속적으로 모색한다. 소통을 원활히 해주고 상호 교류 효과를 극대화해주는 SNS

를 통한 마케팅 전략은 자신과 고객의 관계를 더욱 밀착시켜주면서 지속적으로 소개의 씨불을 양산하는 시너지가 된다.

  트위터는 문자메시지(SMS)보다 메시지 용량이 커서 의사를 더욱 구체적으로 전달할 수 있으므로 SNS의 확장성을 마케팅에 유효적절하게 접목해 활용해야 소개확보는 물론 효율적인 영업이 가능해진다.

13. 현재 하는 일을 평생 할 각오를 한다

  일시적으로 일하는 것과 평생 하겠다는 자세로 일하는 것은 일에 대한 애정도 마음자세도 다를뿐더러 결과도 다르다. 평생 일할 각오로 매진해야 일할 맛이 나고 숨차게 급히 달려 나가지 않는다. 고객도 여러분을 해당 상품의 붙박이 전문가로 삼을 수 있다. 급히 달려 나가지 않아야 농부의 마음으로 소개의 씨앗을 심으면서 느긋하게 소개확보를 할 수확기를 기다릴 수 있다.

소개확보를 효과적으로 이끄는 기술

전문가답게 당당히 소개의뢰하라

'여러분은 소개자에게 소개의뢰할 때 어떻게 접근하면서 무슨 말을 어떤 방법으로 전개하는가?'

소개대상자에 따라 대처 방법도 천차만별일 것이다. 그러나 중요한 것은 나 자신이 소개자에게 떳떳해야 한다는 것이다. 떳떳하다는 것은 당돌하다거나 오만하게 비춰지는 것이 아니라 자신감이 있음을 의미한다. 여기에서 자신감은 일에 임하는 자세와 평생 직업으로 여기려는 직업 정신, 고객을 가족처럼 배려하고 대하는 코드 영업, 취급하는 상품뿐만 아니라 주변의 지식에서도 만물박사처럼 훤히 꿰뚫는 전문가적 기질의 발로 등을 일컫는다.

그래야만 소개자 앞에서 주눅 들지 않고 소개자도 피소개자를 적극 추천해줄 마음이 움튼다. 피소개자와 세일즈맨은 맞선을 보는 것과 같다. 소개자에게 좋은 이미지를 심어주도록 최대한 노력한다. 그런 후 피소개자에게 첫인상을 옹골차게 심어주는 테크닉을 발휘한다.

> 소개확보를 효과적으로 이끌어내는 10가지 기술

1. 진정한 협력자는 우정을 기반으로 형성한다

대면하는 직접적 접촉보다 효과가 좋은 것은 없다. 고객과 점심식사를 하거나 커피타임 때 개인 생활과 비즈니스에 대한 이야기를 나누면서 라포를 형성하여 우정의 싹이 움트도록 만든다. 우정이 쌓여야 강한 신뢰감이 형성되어 세일즈의 든든한 도우미가 되어줄 수 있다.

2. 소개자가 여러분을 위해 해야 할 일을 대신해줄 것으로 기대하지 마라

소개자는 여러분이 직접 비즈니스를 훌륭히 수행하고 열심히 뛰어다니며 노력하는 모습을 보일 경우 기꺼이 양질의 이름들을 제공하고 소개해줄 것이다.

3. 부탁하는 일을 두려워하지 마라

우는 아이에게 젖을 주듯 고객 또한 부탁하는 사람에게만 협조해준다. 소개의뢰에 미쳐야 소개확보가 이루어진다. 그러나 무조건

밀어붙이는 것과 열정적인 것은 차이가 있다. 고객에게 부담을 주는 것이 아니라, 열정적으로 일하면서 그 결과로 소개의뢰를 하는 것이라는 진정성을 보여준다.

4. 나의 가치와 신뢰를 드높여 소개를 이끌어낸다

고객이 다른 사람에게 나를 자랑하도록 만들면 소개는 저절로 이루어진다. 그리고 소개를 부탁했을 경우 거절하거나 꺼려하는 소개자의 심리를 알고 대처한다.

소개자는 ① 소개자 자신이 상품 또는 서비스를 높게 평가하지 않을 때, ② 세일즈맨으로서 경험이 부족하다고 생각할 때, ③ 혹시 '무리한 판매를 하거나 곤란하게 만들지는 않을까?' 하면서 걱정할 때, ④ 능력, 자질, 인간성 등을 신뢰하지 못할 때, ⑤ 피소개자에게 부담을 줄 것 같은 생각이 들 때, ⑥ 자신의 영향력을 자칫 다른 방향으로 활용하지 않을까 염려될 때, ⑦ 소개해주었을 때 피소개자에게 누가 될 것 같다거나 피소개자가 거절할 경우 프라이버시가 손상될 것이라 염려될 때 등의 경우에는 소개하기를 꺼려한다.

5. 분위기가 무르익으면 구체적으로 소개를 요청한다

모든 것에는 때가 있다. 소개의뢰할 최적의 시기를 관찰했다가 찾아가 대화가 성숙될 즈음 살며시 소개부탁을 한다. 이때 소개자가 거절하지 못하도록 사전 입수한 정보를 토대로 피소개자 자격조건을 구체적으로 제시한다.

6. 소개에 대한 이해를 구하고 설득을 한다

왜 소개를 부탁하는지 그리고 왜 여러분에게 꼭 소개를 받아야 하는지를 상대방 마음에 가 닿도록 진정성 있게 가슴으로 알린다.

7. 피소개자에 대해 가능한 한 많은 정보자료를 수집한다

피소개자의 정보를 많이 수집해야 소개받더라도 시행착오 없이 목적을 달성할 수 있다. 특히 소개자로부터 피소개자에 관해 어떤 정보를 얻어야 하는지는 매우 중요하다. 첫 단추를 잘못 꿰면 옷이 잘 안 맞듯이 고객의 정보를 잘못 수집하면 말짱 도루묵일 수도 있다.

소개자에게 받아내야 할 피소개자에 관한 정보로는 직업, 성별, 나이, 소득 규모, 거주지 등 객관적인 기초정보 외에 성향, 취미, 성격, 직업의 장점, 업무 능력, 주위 평판, 고향 등 주관적인 세부정보를 되도록 많이 수집해야 피소개자를 만났을 때 만남에 대한 부담감을 없애고 동시에 마음에 가 닿는 상담 분위기를 이끌 수 있다.

8. 소개강화를 추진할 방법을 모색하여 부탁한다

그 후 누구에게 부탁하면 소개확보가 가능한지 소개를 의뢰할 만한 대상을 만든다. 나만의 독창적이고 품격 있는 소개장(또는 소개의뢰서)을 만들어 소개자 앞에 내놓고 소개를 정중히 부탁한다. 소개의뢰를 할 때에는 소개강화를 위한 소개장 작성, 직접 통화 또는 동행방문 등에 협조해주도록 요청한다. 이 가운데 소개자와 동행하는 방법이 가장 효과적이다. 소개자가 상대에게 전화로 연락을 해주면 효과는 더욱 크다. 자기가 자기소개를 너무 잘하면 자기자랑이 된다. 그러면 자칫 역효과를 불러온다. 동반자나 소개자가 소개해주면 더욱 쉽게 신용을 얻을 수 있다.

9. 판매효율을 높이는 가장 확실한 보증서인 소개장을 꼭 받는다

소개장은 판매확률을 높여주는 바로미터다. 소개를 의뢰할 경우 소개자가 응낙하면서 피소개자에 관한 정보를 제공할 때는 반드시 소개장을 써달라고 그 자리에서 부탁한다. 이때 미리 펜과 소개용지를 건네줘 소개자가 소개장을 쓰는 데 불편함이 없게 배려하는 센스는 심리적으로 유인효과가 크다.

10. follow-up을 실시한다

소개해준 사람에게 피드백을 한다. 피소개자를 만난 후에는 반드시 결과보고를 정확하게 해야 소개자가 자존심을 살리면서 다음 행동을 취하고 여러분을 더 신뢰하게 된다. 소개확보 후 감사의 인사와 사례는 잊지 말고 하고 지속적으로 follow-up 한다.

가장 적합한 소개자 유형 10가지

> 소개확보 전에는 눈치코치,
> 소개확보 후에는 코치코치

평소 염두에 둔 신뢰가 매우 두터운 비즈니스 연고고객들에게 소개해달라고 부탁하고 싶은데 막상 누구에게 소개를 부탁해야 할지 망설일 때가 있다. 알고 지내는 고객은 많은데 그중에서 누구에게 소개를 부탁해야 거절당하지 않을지 고민하는 경우가 있다. 소개를 요청했다가 혹시 거절당하면 자존심이 상하는 것은 물론 차후 서로 서먹한 관계가 될까 봐 망설이게 된다.

'소개자로 가장 적합한 사람은 어떤 유형일까?' 다음에 제시한 10가지 범주에 들어가는 고객을 평소 유심히 살펴본 후 소개의뢰를 하면서 키맨으로 만들면 좋은 성과를 거둘 수 있다.

1. 영향력 있는 사람

대부분의 사람이 힘이 센 사람에게는 이상하게 주눅이 드는 경향을 보인다. 힘이 센 사람은 다른 사람에게 영향력을 행사할 수 있는 사람을 말한다. 이런 사람을 집중 발굴하여 협력자로 만든 다음 키맨으로 육성한다.

영향력 있는 사람들에게 집중적으로 소개받는 것이 가장 효과적인 까닭은 피소개자가 대하는 태도에서 차이점이 많기 때문이다. 평판 좋고 영향력 있는 사람에게 소개를 받으면 피소개자는 대부분 거절의 기미나 경계의 내색 없이 두말하지 않고 세일즈맨이 제시하는 상품을 구매해준다. 사회적으로 지위와 신분이 높은 사람, 상급기관에 근무하는 사람, 일반 대중에게 인기 있는 유명인사(celebrity)가 이 부류에 속한다.

특히 CEO와 부자, 상급기관의 키맨(협력업체 담당 핵심부서)은 고액 계약 창출에 가장 중요한 유망고객이다. 영향력 있는 사람을 발굴하여 소개협력자로 육성하고 다시 키맨으로 만드는 작업이 세일즈 성공에 직접적으로 영향을 미친다는 사실을 간과해선 안 된다. 키맨을 한번 잡으면 절대로 놓치지 말고 관계를 지속적으로 돈독하게 유지해야 한다.

2. 수완 좋은 사람

사람이 많은 시장에서 주변을 살펴보면 물건값을 잘 깎든지 눌건을 잘 파는 사람이 있다. 이런 사람에게 흔히 "참, 그 사람 수완 좋다!"라고 한다. 수완은 이렇게 사람을 순간 휘어잡을 줄 아는 것으로 붙임성 좋은 사람, 능소능대(能小能大)한 사람을 일컫는다. 수완 좋은 사람은 일반적으로 모든 일에 능력을 발휘할 줄 알므로 남들과 사귀는 재주가 매우 뛰어나다. 즉 붙임성, 사교성, 친밀성, 호감도 등이 상대적으로 높다보니 장사 수완, 사업 수완, 소개 수완이 뛰어나다. 이런 사람이 소개대상자로 적격이다.

3. 남을 위해 봉사하는 사람

이 세상에서 가장 큰 빚(부채)은 어려울 때 지는 마음의 빚이다. 다른 사람에게 도움을 받으면 그 빚이 평생 가서 고마움을 표하게 되는데 이런 사람을 물색하는 기술이 매우 중요하다. 인정이 많아 남을 가족처럼 보듬어주는 사람, 인간성이 좋은 사람, 봉사정신이 강한 사람, 다른 사람에게 퍼주기를 좋아하는 사람, 주위 사람들이 호감을 갖는 사람 등이 여기에 속한다.

이런 사람은 대부분 매우 부지런하다. 그래서 두루두루 많은 사람을 알고 지낸다. 특히 이런 사람에게는 아는 사람들 대부분이 부채감정이 있으므로 소개를 부탁하면 거의 들어준다. 그러나 이런 사람들은 남의 일을 잘 돕지만 다른 사람에게 부탁하기를 싫어하므로 신중하게 접근한다.

4. 발이 넓은 사람

사람은 성격, 인맥, 조직 내 위상, 경륜 등에 따라 저마다 활동 폭이 다르다. 어디 다니기를 싫어하는 사람이 있는가 하면 가만히 있으면 좀이 쑤셔 못 배기는 사람도 있다. 발이 넓은 사람은 잠시도 앉아 있지 않는다. 그래서 예부터 발이 넓은 사람들에게 농담 삼아 '개띠냐?'고 묻곤 했다. 여기저기 잘 다니므로 아는 것도 많고 인맥도 매우 두껍다.

소개자는 발이 넓어야 한다. 아는 사람이 많고 활동 폭이 넓어야 한다. 그래야 소개를 많이 해줄 수 있다. 가만히 자리에 앉아 있지 못하는 사람, 어느 모임에서든 앞장서서 일을 처리하려는 사람, 일이 발생했을 때 먼저 나서서 신경 쓰는 사람, 집안일보다는 사회생활을 더 좋아하는 사람 등이 여기에 속한다. 이런 유형의 사람을 적어도 한 명쯤은 키맨으로 만든다.

5. 입담 좋은 사람

"말 한마디에 천 냥 빚도 갚는다"라는 속담이 있다. 한마디 말의 쓰임이 매우 중요함을 일컫는 경우인데, 입담 좋은 사람은 적재적소에 말을 잘 갖다 붙여 상대방의 환심을 산다. 그래서 자기편으로 유인한다.

사람들을 나누어보면 유형이 천차만별이다. 그중 빅 마우스(big mouth), 즉 입담 좋은 사람은 소개자로서 매우 적격이다. 이런 유형은 큰 부담감 없이 소개부탁을 해도 괜찮을 정도로 개방된 성격이다. 남 앞에 나서길 좋아하는 사람, 한번 이야기하면 끝이 없는 사람, 그 사람이 말하면 대부분 수긍하는 사람, 발언권이 강한 사람, 유머와 위트가 많은 사람, 입김이 센 사람, 말발이 센 사람, 설득력 있는 사람 등이 여기에 속한다.

이들은 입소문으로 세일즈맨에 관하여 긍정적 이미지를 만들어 내고 상품 또는 서비스의 구매와 소비를 유도한다.

6. 소개해준 경력이 있는 사람

소개는 그런 방면에 이골이 나야 잘해줄 수 있다. 이런 사람은 소개자로 0순위이다. 소개협력자를 발굴할 때 가장 어렵고 힘든 일은 소개자로 적합한 사람 같아서 말을 꺼냈는데 손사래를 치는 경우이다. 웬만한 강심장이 아니고는 맨 처음 소개자로 나서기 쉽지 않다. 소개자의 인격을 팔아야 하므로 그런 부담을 지기 싫어서이다.

실제로 소개자들은 맨 처음 소개부탁을 받으면 꼭 자신이 맞선보러 가는 기분이 든다고 말한다. 상대방에게 시험을 당하는 기분이 든다고 한다. 도둑질도 해본 사람이 잘하듯 소개 또한 해본 사람이 자주 해준다. 아무리 술에 취해도 제집은 잘 찾아가듯, 소개해본 사람에게 소개를 의뢰하면 그리 크게 부담스러워하지 않는다. 물꼬 트는 방법을 잘 알기 때문이다.

평소 알고 지내는 사람들 중에서 다른 직종에 종사하는 사람들에게 소개해주는 사람이 눈에 뜨인다면 그를 반드시 내 편으로 만들어야 한다. 이런 사람은 기존고객이든 잘 알고 지내지 않는 사이이든 상관없다. 일단 접근해서 무조건 내 편으로 만드는 것이 상책이요 급선무이다.

자격조건을 갖춘 소개자가 소개해주는 것도 처음에는 부담되어 망설이지만 일단 발동이 걸리면 물 흐르듯 소개가 계속적으로 확보된다. 어린아이가 말문이 터지면 말을 곧잘 하듯 소개도 이골이 나면 잘해준다. 따라서 소개해줄 만한 사람을 발굴해서 무조건 협력자로 만든 다음에 곧바로 키맨화 작업에 들어가는 전략이 제일 중요하다.

① 동종업종 사람을 소개해준 경력자
② 별개의 다른 세일즈(비즈니스) 업종을 소개해준 경력자
③ 주위에서 가게(점포)로 사람을 몰고 오는 사람

7. 인맥의 덕을 타고난 사람

우리는 누군가 출세해서 승승장구하면 '그 사람 인덕 있나 봐!' 하며 부러워한다. 취직을 잘하면 '혹시 누구 인맥이 있느냐'고 주변 사람들에게 넌지시 묻곤 한다. 능력은 똑같은데도 인덕이 있어 사람을 몰고 다니는 사람이 있다. 이런 사람을 인맥의 덕을 타고난 사람, 즉 인덕이 있는 사람이라고 한다.

① 이상하게 그 사람만 왔다 가면 장사가 잘된다는 말을 듣는 사

람, ② 사람을 몰고 다니는 사람, ③ 사람들을 꼬이게 만드는 재주가 있는 사람 등이 이에 해당한다. 이런 사람들 주위에는 꽃에 나비가 몰려들듯 사람들이 늘 꼬인다. 그래서 입소문을 잘 낸다. 이처럼 인맥의 덕을 타고난 사람을 잡아 키맨으로 양성하면 입소문마케팅은 저절로 된다.

8. 매력 있고 친밀감 높은 사람

필자는 매력 있는 사람을 이 세상에서 가장 훌륭한 사람이라고 여긴다. 매력 있다는 것은 그 사람에게서 향기가 난다는 것을 의미한다. 괜히 끌리는 사람, 받는 것 없는데도 주고 싶은 사람이 이에 해당한다.

매력은 귀신과 버금가는 능력을 나타내는 힘을 말하므로 매력 있는 사람의 말에 수긍하게 된다. 얼짱, 몸짱을 만드는 것도 매력을 발산하기 위한 수단이다. 카리스마 있다는 것도 따지고 보면 매력을 표출하는 하나의 몸짓이다. 매력 있는 사람에게는 눈꺼풀에 콩깍지가 끼듯이 그가 팥으로 메주를 쑨다고 해도 듣게 된다. 이렇게 매력 있는 사람을 소개협력자로 확보한다.

9. 해당 분야에 능통한 사람

사람마다 존경하는 사람의 분야는 다르지만, 자신이 일하는 분야에서 최고로 부각되는 사람에게는 존경하는 마음이 있다. 그래서 그의 언행을 추종하는 버릇이 있다. 학문적으로 뛰어난 업적을 남기는 사람, 예술가로서 발군의 기량을 보이는 사람, 스포츠 선수로서 월계관을 쓰는 사람, 연예인으로서 마니아를 몰고 다니는 사람 등이 이에 해당된다.

이런 사람을 소개자로 발굴하여 해당 직업에 관련된 사람을 소개받는다면 안성맞춤이다. 물론 여러분이 하는 세일즈와 다른 계통에서 이름을 날리는 사람이어야 한다. 같은 업종이면 그 사람 주위에는 동종업계의 사람이 많으므로 소개자로는 무용지물이다.

10. 흉금을 터놓는 절친한 사람

누구나 충성고객이 50명 정도는 된다. 이 50명을 소개해줄 인물이 주변 사람 가운데 있는지를 물색하는 작업이 필요하다.

이는 충성고객 가운데 소개자로 클 수 있는 사람을 물색함을 의미한다. 즉 ① 여러분이 부탁하면 모든 것을 들어주는 사람, ② 무조건 퍼주어도 서로 이해하는 사람, ③ 이해타산이 아닌 마음으로 통하는 사람, ④ 마음과 마음이 서로 통하는 사람, 허물없이 지낸 죽마고우 등이 여기에 해당한다. 제아무리 충성고객이라 해도 충성고객이 소개자를 소개해줄 때 홍시마냥 그냥 따먹을 수 있는 것은 아니다.

충성고객이라 해도 소개자의 일정한 역할이 뒷받침되지 않으면, 설령 소개확보를 받는다 해도 계약으로 연결되기가 쉽지 않다. 소개자가 얼마나 협조하는지가 더 중요하기 때문이다. 평소 인간관계를 돈독히 하면서 어려울 때 진정으로 도와줄 지기가 누구인지 다시 한 번 생각해보자. 키맨 확보는 남이 아니라 나에게서 출발한다.

다른 사람에게서 소개협력자를 찾지 말고 먼저 나에게서 찾은 다음 정말로 없을 때에 기존고객이나 신규고객, 개척고객을 통해서 찾아나서는 시스템을 구축해야 한다. 그래야 소개자를 한 명 발굴하더라도 그 씨앗을 뿌려 일구어갈 수 있다.

소개말문이 트이게 하라

> **화법 매뉴얼을 만들어 소개말문을 터라**

'잘 알고 지내는 고객이 있는데 뭐라고 하면서 소개를 부탁해야 효과적일까? 어떻게 말을 건네야 상대방의 마음을 움직여 소개확보를 이끌어낼까?'

고객을 만나 소개부탁을 하려 해도 입이 잘 안 떨어지고 무슨 말을 해야 할지 난감한 경우가 많다고 하소연하는 사람이 의외로 많다. 필자는 이런 사람들에게 먼저 소개의 말문이 확 트이도록 소개화법을 만들어 익히라고 조언한다.

텔레마케터가 상품을 판매할 경우 해당 상품의 매뉴얼에 있는 화법을 고객 성향과 응답 태도 등에 맞춰 유효적절하게 활용하듯 소개자를 만나 소개를 부탁할 때나 피소개자를 만나 상품을 프레젠테이션할 때는 반드시 다양한 유형의 화법 매뉴얼을 만들어 활용해야 고객을 내 편으로 만들 수 있다.

세일즈에서 고객의 마음을 사로잡으려는 화법은 약방의 감초처럼 상담을 주도적으로 이끄는 데에 매우 중요한 역할을 한다.

> **소개화법 익혀 자유자재로 활용**

소개화법은 최상의 고객 설득 기술이다. 누군가에게 소개를 부탁하려고 할 때 소개화법을 익히지 않고 무작정 요청한다면 자칫 감정에 치우치거나 의사를 제대로 전달하지 못하여 낭패를 볼 수 있다.

설령 소개받은 다음 피소개자를 만날 경우에도 화법을 제대로 익히지 않고 방문하여 상담하면 고객의 눈높이에 맞는 화술을 전개하지 못하거나 설득력이 떨어져 성공확률이 극히 낮을 수밖에 없다.

소개를 받아 상품구매로 연결하려는 영업행위는 총탄 없이 전쟁터에 나가는 것과 같다. 지식이 아무리 많아도 고객 앞에서 자신의 심중을 제대로 표현하지 못하면 무용지물이다. 따라서 평소 거울을 보면서 또는 롤플레잉으로 화술을 익히고 화법을 개발하여 실전에서 응용할 만큼 숙지한 다음 고객을 방문하여 전문가답게 자신의 의사를 정확하게 전달해야 한다.

이때 일방적으로 언어 표출을 하기보다는 상대방의 입장과 신분, 위치, 경제적 능력, 성별 등을 종합적으로 고려한 눈높이에 맞추는 코드 스피치를 해야 한다. 고객과 상담할 때는 정중한 자세, 상대방을 최대한 배려하는 예의를 갖추고 절대로 비굴해 보이지 않게 전문가다운 당당한 자세로 적재적소에 알맞은 화법을 전개한다.

> **진정성이 담보된
> 살아 있는 화법 사용**

고객은 목적을 앞세워 말하는 상담자 또는 판매원을 싫어함을 알아야 한다. 고객은 세일즈맨에게만 이익인 것을 용납하지 않는다. 상품을 팔아 이익을 남기려고 하는 것을 빤히 아는데, 그 상품을 잘 팔 수 있게 다른 사람을 소개해달라고 막무가내로 요청하면 누가 좋아하겠는가? 고객을 먼저 생각하고 배려하는 진정성 있는 마음과 행동을 보여 라포를 형성해 감정이입이 되도록 만들어야 한다.

항상 고객의 입장을 헤아리면서 소개해주고 싶은 마음이 일게 화법을 전개한다. 일단 부담감이 가면 세일즈맨이 아무리 잘 대해도 호락호락 넘어오지 않는다.

중요한 첫 관문에서 사용하는 재치화법이 필요하다. 소개부탁은 고객에게 부채감은 들게 하되 부담감을 주어서는 절대로 성사되지 않는다. 고객에게 감사 표시를 정중히 하고 고객의 프라이드를 살리면서 꼭 집어서 호소한다.

> **칭찬화법은 고객의 마음을
> 사로잡는 무기**

특히 어떤 면이 고객에게 이롭고 매력적인지 방향성을 정확히 잡고 캐치하여 칭찬화법을 유효적절하게 전개하는 기술이 필요하다. 칭찬화법은 단순히 상대방을 치켜세우는 것이 아니라 고객의 마음을 헤아려 자존심을 세워주고 속마음을 표현하게 만들어야 고객을 소개부탁의 관문으로 이끌 수 있다.

그리하여 관심과 흥미를 이끌어냄으로써 소개해주기를 꺼려하거나 주저하는 고객의 마음을 활짝 열어젖히게 만들어야 한다.

Tip

고객을 만나 소개해달라고 요청하거나 상품을 구매해달라고 할 때 가장 중요한 것은 자신의 말문이 잘 트이게 하는 것이다. 고객의 닫힌 마음을 여는 데에 화법보다 더 나은 세일즈 무기는 없다. 평소 고객 성향에 맞는 칭찬화법과 설득화법을 수집하여 실전에 응용할 수 있게 연습하자.

··· 소개의뢰할 때 효과 만점 질문화법 20선 ···

1. ○○님과 가장 가까운 친구는 누구십니까?
※ 그중 세 분만 소개해주실 수 있죠? ○○님께서는 충분히(당연히) 그럴 능력이 있습니다. (이 부분은 소개의뢰할 때 모든 질문에 들어가는 공통 사항)
2. ○○님의 직장동료 중 가장 가깝게 지내는 분은 누구십니까?
3. ○○님의 이웃 중 가장 가깝게 지내는 분은 누구십니까?
4. ○○님의 친척 가운데 가장 가깝게 지내는 분은 누구십니까?
5. ○○님 말씀이라면 흔쾌히 허락할 정도로 신뢰하고 잘 통하는 분 있으시죠?
6. ○○님이 잘 아는 분(친교 있는 분) 가운데 누가 가장 성공하셨습니까?
7. 비즈니스하는 분 중 잘 아는 분 있죠? 특히 크게 성공하여 주위 사람들에게 칭찬받으며 회자되는 분은요?
8. 아는 분 가운데 대기업에서 계열사나 하청업체를 관리하는 분 있으신가요?
9. ○○님이 아는 분 가운데 거래처가 많고 확실한 분 있으신가요?
10. ○○님이 아는 분 가운데 탄탄한 협력업체가 있는 분 계시는지요?
11. 아는 분 가운데 기업체 인사(기획, 경영, 영업 등)관리 부서에서 근무하는 분 있으세요?
12. ○○님은 모임에서 회장이나 총무와 친하게 지내시는지요?
13. ○○님이 아는 분 가운데 남을 잘 돕는 분은 누구신가요?
14. ○○님이 아는 분 가운데 수완 좋고 인맥 넓은 분은 누구신가요?

15. ○○님이 아는 분 가운데 활달하고 사교성 좋은 분 있으시죠?
16. ○○님이 아는 분 가운데 마당발이라 불리며 사람들과 교류하는 분 있으시죠?
17. ○○님이 아는 분 가운데 가장 칭찬하고 싶은 분에 대해 말씀해주세요.
18. ○○님은 어느 분을 가장 존경하십니까? 그분과는 자주 연락하는지요?
19. ○○님이 아는 분 가운데 최근에 승진하거나 영전하신 회사의 키맨 같은 분 있으시죠?
20. ○○님이 아는 분 중 저와 다른 분야에서 일하는 베테랑 있으시죠?(업무 제휴 차원에서 소개의뢰)

피소개자 상담기술 10가지

| 피소개자 사로잡는 기술 | 피소개자 상담기술에 필요한 팁 10가지를 다음에 소개한다. |

1. 가능하면 소개받은 즉시 접근한다

소개의뢰, 소개확보, 소개강화, 피소개자 방문과 프레젠테이션(상담)은 물 흐르듯 일사천리로 진행한다. 소개확보 후 피소개자를 언제 만나느냐에 따라 성공률이 다르므로 소개를 받고 나서는 최대한 빨리 피소개자를 만난다.

소개자가 소개해주면 소개강화를 위해 전화 또는 직접 동행방문 등을 요청하면서 최소한 3일 이내에 피소개자를 만나야 한다. 중간에 공백이 있으면 맥이 끊겨 소개자와 피소개자 모두 소개 농도와 상품구매 농도가 옅어질 수 있다. 소개자가 피소개자에게 "〇〇씨

방문했어요?"라고 물었다면 이미 늦었다. 판매는 성사될지언정 소개자에게 소개확보를 더 받기는 글렀다. 기간을 두지 말고 방문한다.

2. 피소개자 정보를 숙지한 후 방문한다

피소개자의 정보파악과 적재적소 활용은 첫 만남에서 클로징에 이르기까지 분수령이 된다. 피소개자의 정보를 충분히 파악해야 대화에서 공감대가 형성되고 술술 풀린다. 피소개자와 소개자의 관계를 확실하게 알고 피소개자의 연령, 직업, 가족사항, 경제적 능력 등 기초정보를 파악하고 방문하면 훨씬 친숙해지고 면담이 용이하다. 입수한 정보자료를 토대로 피소개자의 일거수일투족을 파악한 후 방문한다.

3. 롤플레잉 후 신중히 접근한다

면담 방향은 사전 롤플레잉으로 시뮬레이션을 해본다. 이는 피소개자를 만나기 전 시행착오를 예방하고 자신의 이미지 제고를 위한 포석으로 매우 중요하다.

배우가 촬영 전에 시나리오를 읽고 연기를 구상하면서 배역에 몰입하듯 피소개자와 펼칠 면담 장면을 머릿속에 그리면서 대화를 이끌 최선의 테크닉을 발휘한다. 대화를 어떤 방향으로 이끌지 사전에 모색하면서 준비를 철저히 한다. 대화를 어떻게 이끌지 사전에 롤플레잉으로 시뮬레이션을 해야 시행착오가 생기지 않는다. 면담은 TPO(time, place, occasion) 기준에 맞춰 준비하는 게 바람직하다.

4. 친숙해지도록 동기를 조성한다

소개로 만난다 해도 서로 서먹서먹하기는 마찬가지다. 피소개자는 판매자를 많이 상대하므로 소개자에게 언질을 받았더라도 어떤 사람인지 궁금할 수 있다. 피소개자의 이런 심리를 이용해 첫 만남 전에 서로 친밀한 마음이 더욱 들도록 사전 정지작업이 필요하다. 여기에는 감성 터치툴이 적격이다.

피소개자를 방문하기 전에 편지, DM, 이메일 등으로 자기소개와 사전 친숙활동을 한다. 방문하기 전에 고객에게 편지를 보내 자신의 입장과 감정을 전달하면 고객의 경계심을 누그러뜨리고 대화의 폭을 넓히는 데 좋다.

문자메시지는 가벼운 느낌을 주므로 아직 첫 대면을 하지 않은 고객에게는 사용하지 않는 것이 좋다. DM을 보낼 때에는 먼저 해피콜을 한다. DM은 TM의 보조 역할을 수행하는 경우가 많으므로 TM을 먼저 하여 인사하고 나서 방문 날짜에 여유가 있을 때 DM을 보내는 것도 효과적이다. 간접소개일 경우에는 해피콜이 성립되지 않으므로 반드시 DM을 먼저 보내고 나서 해피콜을 한다.

5. 최상의 조건에서 좋은 인상을 남긴다

미국 연구기관의 조사에 따르면 "98%가 첫 번째 만남에서 비즈니스맨의 겉모습을 통해 결정적인 이미지가 맺힌다"라고 한다. 미국의 심리학자 드닌(Denin)은 "사람의 첫인상은 최초 4분에 결정된다"라고 말했다. 첫인상이 비즈니스를 좌우하는 경우가 많으므로 이미지를 제고하고 전문가다운 모습이 보이도록 노력한다.

고객이 내 이미지를 종합적으로 판단하고 결정하는 진실의 순간(Moment Of Truth, MOT)에 인상은 좌우되므로 피소개자를 만날 때는 가능한 한 최상의 조건에서 TPO에 맞는 분위기를 연출하고 존칭어로 이야기하며 가까움을 느끼게 해야 성공확률이 높아진다.

6. 방문 목적을 진솔하고 분명하게 밝힌다

자신과 회사를 정직하게 소개하고 자기의 일과 만남의 목적을 분명하게 설명하는 것은 고객이 판단하는 데 도움이 되는 것은 물론 판매 기회를 얻는 데 중요하다.

고객을 속이려 하거나 모호한 말은 하지 마라. 사람은 자기가 이해하지 못하거나 분명하지 않은 것은 자연적으로 믿지 않는다. 판매에 몰두하는 듯한 마음이 드러나지 않게 포커페이스(poker face)를 연출한다. 피소개자가 궁금증을 불러일으키도록 자신의 모습과 제시할 상품을 양파 껍질 벗기듯 서서히 보여주는 것도 좋다. 그리고 소개자의 신분을 최대한 활용하여 피소개자가 안심하고 상담에 응할 수 있는 환경을 조성한다.

7. 전문가로서 주도권을 갖고 임한다

소개를 성공시키려면 항상 성실하게 노력하는 프로의 자세로 상대방에게 전문가 이미지를 심어주어야 한다. 대화할 때에는 미리 정한 목표를 염두에 두고 대화의 주도권을 잡고 상담한다. 기선을 제압하지 못하면 클로징으로 들어가기 어렵다. 주도권을 쥐면서 상대방이 이야기보따리를 풀게 유도하는 기술이 필요하다. 피소개자의 의중을 파악해야 상품구매 의사를 정확히 타진할 수 있다. 입수한 피소개자의 정보를 상대방이 스스로 이야기하게 유도하고 자신이 먼저 말하거나 아는 체하지 않는다.

8. 고객 코드에 맞춰 대화를 진행한다

피소개자의 특성을 파악하는 것이 무엇보다 중요하다. 어떤 성격인지 파악했으면 그에 따라 대처한다. 미리 파악하지 못했으면 역지사지해서 다양한 질문으로 상대방의 성향을 파악한 다음에 본격적으로 상담에 들어간다. 이 경우 관계지향적인 상담을 추진해야 효과적이다. 즉 취미나 특기를 파악하여 피소개자가 긍정적인 감정의 변화를 일으키도록 칭찬하거나 친숙한 이야깃거리로 삼는다. 상대방의 지위나 직책에 어울리게 복장을 갖추고 행동해야 하며, 소개받은 사람의 업무나 관련 업종 등에 관한 기본상식을 갖추고 방문하는 것이 바람직하다.

9. 구매하고 싶은 마음이 들게 상담한다

소개를 받고 피소개자를 만나도 상담을 잘 못하면 말짱 도루묵이다. 입수한 정보를 토대로 피소개자 입장에서 알고 싶은 것을 파악하고, 셀링 포인트를 캐치하고, 고객에게 이점과 장점이 무엇인지 강조하며 요령 있게 설명하여 공감성을 불러일으켜 행동변화를 촉진시켜야 니즈를 환기시켜 구매결심을 촉구할 수 있다. 상품 판매에 앞서 유대감을 강화하고 외면적인 정보와 아울러 내면적인 정보를 파악하기 위해 친숙도를 높여야 쉽게 클로징으로 이끌 수 있다.

상품을 설명할 때에는 반드시 '특이혜증기법'-해당 상품의 특징(feature), 이점(advantage), 혜택(benefit), 증거(evidence) 등을 토대로 고객을 상담하는 판매기법, FABE기법이라고도 함- 을 적절하게 활용한다.

컨설팅할 때는 다음 내용을 숙지하고 상담하면 판매효율을 더 높일 수 있다.

··· 고객 상담할 때 기본자세 17계명 ···

1. 외모로 고객을 판단하지 않으며 성의를 갖고 응대한다.
2. 예의를 지키고 친절한 마음씨를 보인다.
3. 본격적인 상담에 들어가기 전에 라포를 형성한다.
4. 요점 위주로 간결하게 이야기하여 이해를 돕는다.
5. 관련 지식을 풍부하게 갖고 확실히 처리한다.

6. 적극적으로 고객의 성격과 의도를 파악한다.

7. 결론부터 끄집어낸 후 재차 설명한다.

8. 무엇인가 고객에게 도움이 될 요소를 찾는다.

9. 미리 관련 자료를 스크랩한 후 적시에 활용한다.

10. 고객에게 부담감을 주지 않는 방법을 생각한다.

11. 소개화법을 숙지하여 입에서 줄줄 나오게 한다.

12. 조급해하지 않고 설득 시기를 포착한다.

13. 고객의 말을 진지하게 듣고 같이 생각하는 태도를 몸에 익힌다.

14. 고객의 입장이 되어 깊이 배려하는 태도를 견지한다.

15. 고객의 이익을 위해 노력한다는 모습을 심어준다.

16. 말을 함부로 하거나 지나치게 가까이하지 않도록 한다.

17. 고객이 공감하도록 신뢰성 있는 진지한 모습을 견지한다.

10. 지속적으로 방문해 내 편으로 만든다

피소개자를 반드시 내 가족으로 만들고야 말겠다는 신념으로 방문하고 상담하면서 지속적으로 친밀한 관계를 도모한다. 소개자를 언급하여 친밀감을 조성한다. 전화, DM, 이메일, 문자메시지, SNS 등으로 계속적으로 친숙한 관계를 도모한다.

소개자 **사후관리기술** 10가지

> **사후관리가
> 더 중요하다**

고객관리를 너무 철저히 하여 고객이 여러분의 친절한 상담과 서비스에 부담을 느껴 다른 사람의 상품을 구매하는 안타까운 상황이 생기지 않게 해야 한다. 고객이 다른 곳에서 상품을 구매한다는 것은 고객을 제대로 만족시키지 못했기 때문이다. 그런 일이 발생하면 남아 있던 기존고객이 썰물처럼 빠져나가 설 자리를 잃을 우려가 있다.

그래서 지속적인 사후관리가 당장의 판매보다 더 중요하다. 특히 소개고객 사후관리는 꼬리에 꼬리를 물고 올 고객 양산을 위해 절대적으로 필요하다. 확실한 소개자로 자리매김하려면 세일즈 내공을 쌓으면서 다음에 명시한 소개자 사후관리 기술을 익혀 실천해야 한다.

1. 체계적인 고객관리를 습관화한다

해묵은 소개 용지를 들추며 전화하지 말고 최근에 업데이트한 컴퓨터 파일을 인쇄하여 한 명씩 접근한다. 지속적인 충성고객으로 만들기 위해 소개자는 특별대우한다. 소개자의 CRM, DB 관리, 정기적 인맥 점검은 선택이 아닌 필수이다. 소개자와 만날 때 대화하면서 소개자와 피소개자에 관한 정보를 메모하면서 업데이트한다.

2. 지속적으로 터치툴을 보낸다

똑같은 능력에 비슷한 여건에서 출발한 사람들이 몇 년 지나 소득에 편차를 보이는 원인 중 하나는 고객관리를 치밀하게 하는지 하지 않는지이다. 특히 터치툴을 활용하지 않을수록 편차는 심하다. DM, 이메일, 문자메시지를 정기적으로 발송하여 고객의 감성을 자극해야 한다.

선물도 효과적이지만 슬기로운 삶의 지혜를 선물하는 것이 때론 더 효과적이다. 이는 매월 꾸준히 실천해야 효과가 배가된다. 한 번 하고 말면 아무런 효과도 없다. 터치툴은 반드시 본인이 직접 만들어 고객에게 전하는 DIY(do it yourself)를 해야 감동을 더 이끌어낸다.

3. 정기적으로 방문면담을 한다

"몸이 멀어지면 마음도 멀어진다." "먼 친척보다 이웃사촌이 낫다"라는 속담이 있다. 이는 사람은 보고 안 보고의 차이가 친밀도에 영향을 미침을 의미한다. 특히 세일즈맨에게 고객방문의 폭과 횟수는 소득과 직결된다. 고객은 화분에 있는 화초와 같다. 정기적으로 관리하지 않으면 떠난다. 정기적으로 전화하거나 직접 방문한다.

4. 경사에는 반드시 축하이벤트를 연다

고객 가정의 생일, 결혼, 출산, 입학(자녀), 칠순, 승진(영전), 개업 등에는 반드시 축하카드나 선물을 보내거나 직접 찾아가 축하한다. 고객의 인생에서 특별한 날은 반드시 챙겨 고객이 오래 기억하게 만든다. 소개자에게 감동을 선사하고 행복하게 만들면 소개라는 보답으로 돌아온다. 병문안, 조위 등 애사에 참석은 기본이다.

5. 항상 고객을 가족처럼 생각한다

세일즈맨으로 있는 한 고객을 이웃이나 가족처럼 대해야 한다. 그것이 소개마케팅을 꾸준히 실천할 수 있는 지름길이다. '피는 물보다 진하다' 라는 진리는 비즈니스에도 통한다. 고객을 남남으로 대하는지 혈육처럼 대하는지에 따라 여러분을 향하는 고객의 마음 또한 다르다.

고객과 세일즈맨은 흉금을 터놓고 맞갖게 대화할 친밀한 사이(비즈니스 동반자)가 되어야 한다. 언제나 서로 도울 수 있는 이웃사촌같이 생각해야 한다.

6. 평생 직업관을 갖고 변함없이 대한다

만일 몇 년 하고 그만둘 세일즈라고 생각한다면 소개마케팅의 씨앗을 제대로 뿌리거나 싹틔우지 못한다. 늘 변함없는 사람으로 고객이 인식하게 하면서 평생 고객관리를 해준다는 마음으로 임해야 한다.

인생의 목표와 세일즈의 목표를 분명하게 세운 다음 밑그림을 확실하게 그려라. 그 위에 소개마케팅을 향한 로드맵을 그려라. 평생 직업관과 이를 향한 불타는 소명의식은 무엇보다 중요하다.

7. PDSCC 사이클을 실천에 옮긴다

자기관리와 영업관리는 비즈니스맨에게 기본 덕목이므로 반드시 생활화해야 한다. 활동일지와 고객카드를 매일 작성하고 비즈니스 사이클 'plan-do-see-check-control(PDSCC 사이클)'을 생활화한다.

즉 ① 뚜렷한 목표와 표준을 세워(plan) ② 실천하고(do) ③ 귀소 후에는 오늘 실행한 결과와 목표의 차이를 발견하고(see) ④ 세밀히 체크(check)한 다음 ⑤ 올바르게 처리하는(control) 피드백을 늘 해야 한다. 진정한 비즈니스는 모두 현장에서 이루어진다는 진리를 가슴에 새긴다.

8. 인생 카운슬러 역할을 자임한다

평상시 어려운 일은 적극 협조하고 하소연을 들어주는 인생 상담가가 되어야 한다. 다른 사람을 가장 많이 생각할 때는 힘들 때나 어려울 때다. 고객의 인생 카운슬러 역할을 마다하지 마라. 그러면 고객은 모든 가정사를 상담하고 의지하고 여러분이 이끄는 대로 응할 것이다.

9. 황금률과 백금률 법칙을 실천한다

고객과 더불어 상생하는 황금률 법칙을 실천한다. 더 나아가 고객이 원하는 대로 응대하고 그렇게 해주도록 노력을 아끼지 않는 백금률 법칙으로 고객감동을 이끌어 사람을 남긴다. 즉 '기브 앤드 테이크'가 아니라 '기브 앤드 노 테이크' 마인드로 접근하여 고객과 좋은 관계를 유지하려고 최선을 다한다.

10. 반드시 소개 감사 표시로 사례한다

될 수 있는 한 감사의 편지를 써서 보낸다. 마음에서 우러난 정갈한 친필 편지보다 고객을 감동시킬 툴은 없다. 사례는 세일즈맨이 소개에 대한 감사의 표시로 소개자에게 제공하는 선물이므로 금액이 지나치면 서로 곤란하다.

선물은 보내는 사람의 정성이 깃들어야 가치가 있다. 소개확보를 하면 성공 여부를 떠나 고객의 취향과 취미를 은연중에 알아놓는 감각이 필요하다. 계약 체결 즉시 그에 맞춰 선물하면 소개자는 상대방을 꿰뚫는 심미안에 놀라면서 감동하고 더욱 신뢰할 것이다.

선물은 상대방이 놀랄 만큼 감동을 주게 전략적으로 해야 가치가 올라간다.

··· 소개자 사례 때 꼭 지켜야 할 12가지 ···

1. 고객의 코드와 눈높이에 맞추어 답례품을 선정한다.
2. 선물은 가급적 오래 기억될 것으로 준비한다.
3. 온 가족이 즐길 물품을 사례한다.
4. 진정성과 노력을 보인다.
5. 내 입장에서 선물을 선택하지 않는다.
6. 취향을 미리 파악한다.
7. 부채감을 갖도록 유도한다.
8. 남들과 차별화해서 사례한다.
9. 아무리 힘들더라도 좋아하는 것을 준비한다.
10. 고객에게 지나친 부담은 오히려 손해가 됨을 명심한다.
11. 비싼 선물로만 사례하려는 사고를 떨어낸다.
12. 작은 것 여러 개보다 큰 것 하나를 선물한다.

소개마케팅 성공실천 화두

| 소개마케팅에 성공하려면 |

소개마케팅은 나와 고객, 현재와 미래, 가치와 만족, 신뢰와 보답, 소득과 배려, 상생과 이익이라는 서로 대척점에 있는 제반 요소의 필요충분조건이 맞아야 한다.

다음에 제시한 ① 역지사지로 본 소개자의 생각, ② 판매자 자신의 생각, ③ 판매자의 가치판단, ④ 성취욕구 측정(미래 꿈, 도전정신) 4가지 유형으로 분류된 20가지 화두에 내린 본인의 대답이 매우 양호할 때 소개마케팅 성공을 향한 바탕이 구축된다.

| 소개마케팅 성공 위한 실천 화두 20 |

1. 역지사지로 본 소개자의 생각

① 고객은 왜 소개해주는가?

② 고객은 어떤 경우 소개해줄 마음

이 움트는가?

③ 내가 소개해줄 경우 당신에게 바람은 무엇인가?

④ 소개는 주로 어떤 스타일의 사람이 잘해주나?

⑤ 어떤 경우에 소개해주기 싫은가?(소개해줄 마음이 없는가?)

2. 판매자 자신의 생각

⑥ 소개자를 어떻게 접근, 공략해야 가장 효율적일까?

⑦ 평상시 고객관리는 어떻게 하고, 어떻게 해야 잘하는 것으로 생각하는가?

⑧ 자신이 소개자라면 어떻게 판매자를 대하고 소개해줄 것인가?

⑨ 자신만의 특별한 매력이 있다고 생각하는가?

⑩ 소개자는 어떻게 해야 소개를 잘해줄 거라고 생각하는가?

3. 판매자의 가치판단

⑪ 객관적으로 자신의 상품 가치가 어떻다고 생각하는가?

⑫ 자신이 소개받을 만큼 평상시 고객을 체계적으로 관리하는가?

⑬ 고객의 제반 정보를 DB화하고 친숙도를 높이기 위해 밀착 관리하는가?

⑭ 지금 관리하는 고객은 몇 명이고 이 가운데 협력자와 키맨은 몇 명인가?

⑮ 프로정신으로 'KASH의 4법칙'에 입각해 컨설팅하는가?

4. 성취욕구 측정(미래 꿈, 도전정신)

⑯ 현재 여러분의 꿈과 목표(인생, 일)는 확실하게 설정되었는가?
⑰ 앞으로 올곧게 소개마케팅을 할 각오는 되었는가?
⑱ 소개마케팅을 지속적으로 실천하기 위해 어떻게 임할 것인가?
⑲ 이 일을 평생 직업으로 생각하면서 고객을 가족처럼 대하는가?
⑳ 천칭의 원리에 따라 사람을 남기려는 농심(農心)으로 임하는가?

소개카페

고객을 기다리게 하지 마라

커리어우먼 김 팀장은 매우 열심히 활동하는 베테랑이다. 그녀는 오늘도 사무실을 벗어나 필드로 향했다. 하루에 수십 명씩 고객을 상대하다보니 약속하고도 깜빡하는 경우도 있다. 대부분의 고객은 그녀가 너무 바빠 그런 것이려니 하면서 애교로 봐주었다(실제로 무지하게 바쁘다).

그런데 오늘은 사정이 달랐다. 지위가 높은 분의 소개를 받고 가는 중이다. 피소개자의 신분은 그분보다 아래가 아니란다. 다소 부담되는 마음으로 고객을 만나러 가려고 관련 자료와 화젯거리를 챙겼다.

그런데 그만 다른 일이 터지고 말았다. 약속시간은 다가오는데 하필 그때 아이 담임선생이 전화로 '잠깐 드릴 말씀이 있다'고 했다. 학교에 갈 수 없어 자동차를 잠시 세우고 통화했다. 수능시험 성적 관련 상담이었다. 무려 30분이나 걸렸다. 부모에게는 자식이 최고인지라 좋은 학교, 괜찮은 학교가 어디일까를 생각하며 무의식적으로 차를 몰았다. 그러던 중 아차 싶어 시계를 보니 커피숍에서 만나기로 한 약속시간에서 한 시간쯤 지났다.

'이 일을 어쩌나?' 하면서 부랴부랴 약속장소로 갔는데 다행히 고객이 자리에 계셨다. 고객은 심기가 불편한 표정을 지으면서 김 팀장이 자리에 앉기 무섭게 오늘은 더는 시간을 낼 수 없다면서 나갔다.

김 팀장은 순간 하늘이 노랬다. 물론 본인 실수라 어쩔 수는 없지만 그래도 자리에 앉자마자 가다니 황당하고 난감했다. 그러나 서운하게 생각할 수 없었다. 그 고객은 1초를 소중히 여기는 시테크 전문가로서 하루 10분도 내기 힘든 걸 김 팀장이 미처 알지 못했다. 김 팀장이 소개자에게 제대로 정보를 입수하지 못한 탓도 있지만, 무엇보다 일언반구 양해도 없이 기다리게 한 게 더 큰 잘못이었다.

아이 담임선생과 통화하기 전에 미리 전화해 전후사정을 이야기하면서 다음에 다시 뵙겠다는 약속을 했어야 했는데, 이를 간과한 것이다. 사무실로 돌아와 생각하니 여태 어떻게 처신했는지 과거의 일들이 주마등처럼 지나갔다. 그때 소개자에게서 전화가 왔다. '굴러들어온 계약을 왜 차버렸냐'며 무지하게 혼났다. 소개자도 덩달아 그 고객에게 도매금으로 혼났나 보다.

비즈니스로 상대방을 기다리게 해서는 절대로 안 된다. 시간은 금이다. 고객은 아무 때나 나를 기다려주지 않는다. 시장이 사방팔방으로 열려 있는데 굴러들어온 떡을 차면 어쩌겠는가? 어떤 경우라도 고객과 한 약속은 반드시 지켜야 한다. 어쩔 수 없이 약속을 지키지 못할 상황에는 반드시 사전에 통보하여 양해를 구한다. 이것이 고객을 대하는 진정성 있는 마음가짐이다.

PART 3
일당백, 키맨 확보기술

성공한 사람들과 가까이하는 사람은 그만큼 성공의 기회도 많아진다. 그들은 여러분의 인생 성공을 지름길로 인도해주는 가장 좋은 성공 도우미이기 때문이다. - 게르하르트 그슈반트너(Gerhard Gschwandtner)

비즈니스 성공의 제1조건

| 큰 도움 줄 양질의 유망고객을 찾자 |

'비즈니스에서 가장 중요한 성공요소는 뭘까?' '어떻게 하면 영업이 술술 풀릴까?'

비즈니스 성공을 낳게 하는 가장 중요한 요소는 고객확보이다. 유망고객을 얼마나 많이 확보하여 구매고객으로 만들고 더 나아가 단골고객으로 양성할지가 일의 성패를 가름하는 열쇠이다. 가망고객의 수는 업적과 직결되고, 업적은 소득과 비례하며, 성공은 이를 인프라로 하여 이루어지기 때문이다. 따라서 가망고객의 수를 항상 적정수준으로 유지하는 일이 곧 사업의 실패(세일즈맨의 탈락)를 막는 근본적인 방법이다.

이에 관한 흥미 있는 조사 결과가 있다. 미국 보험마케팅조사협회(LIMRA)는 다년간 심층적으로 조사하여 영업에 관한 결과를 발표했다. 상대적으로 영업능력이 있으면서도 중도에 그만두는 사람에게 "판매활동에서 가장 어려웠던 것은 무엇인가?"라는 질문을 하니 다른 질문에 대한 대답보다 무려 3배나 많은 이들이 '유망고객의 발견'이라고 했다. 그만큼 고객확보는 영업인에게 지상과제이다. 고객확보를 가장 많이 할 수 있는 방법은 키맨을 발굴하여 협조를 구하는 것이다.

미국에서 보험에이전트로 괄목할 업적을 남긴 클라우드 스터블필드(Claude Stubblefield)는 22세부터 93세까지 무려 70년 넘게 보험영업을 했다. 그는 이렇게 오랜 기간 영업을 편히 하면서 성공할 수 있던 동인은 바로 소개를 통해 고객을 지속적으로 발굴한 결과라고 했다. 그는 더 많은 양질의 고객을 소개받으려면 키맨 확보가 가장 중요한 영업 요소라고 강조했다. 백만장자 대열에 오른 그의 고객은 자그마치 4,000명을 넘었다. 그가 고객을 많이 확보할 수 있었던 비결은 키맨 확보였다.

그는 키맨 확보 방법을 다음과 같이 설명했다.

"직장에서 가장 영향력 있는 사람을 협력자로 만들기에 전력투구하라. 그리하여 그 사람을 고객 리스트에 되도록 빨리 올릴 수 있게 여러분의 진정한 가치를 보여줘라. 그래야 더욱 빨리 더욱 쉽게 키맨으로 만들 수 있다."

| 키맨은 영업성공의 보증수표 | 클라우드 스터블필드가 키맨을 통해 70년 넘게 보험영업을 하면서 자타가 공인하는 |

업적을 남겼듯이, 키맨(keyman, 인격을 두루 갖추어 주위 사람들에게 존경받으면서 타인에게 신뢰감 높은 영향력을 행사하는 자(center of influence, COI)를 일컫는다)은 비즈니스 성공 여부를 결정짓는 중요한 잣대이다. 특히 키맨이 몇 명인지에 따라 '영업에 롱런하면서 탄탄대로를 걸어갈지'와 '현재의 직업에서 계속적으로 리딩 히터로서 고소득을 창출할지'가 결정된다.

키맨은 비즈니스에서 인맥의 핵이자 중심인물이므로 키맨을 확보할 수 있다는 것은 양질의 소개 군을 확보하여 끊임없이 소개마케팅을 전개함으로써 성공을 보장받는다는 것과 같은 의미라고 할 수 있다.

"나는 더 많은 고객을 확보하기 위해 신규가망고객을 늘리는 새로운 방법을 모색했다. 날마다 기입하면서 아이디어를 찾는 소중한 보물단지인 고객카드를 정리하며 모든 협력자를 동원하여 사업가들을 소개받기로 전술과 목표를 세웠다. 기존고객 중 기업을 운영하는 CEO를 타깃으로 삼았다. 잘 만난 키맨은 영업인생뿐만 아니라 삶에서도 평생 은인이 되어준다. 키맨은 영업성공의 보증수표와 같다."

전업주부로 있다가 아는 사람의 권유로 보험영업을 시작하여 살아 있는 세일즈 신화라는 평판을 듣는 시바타 가즈코(芝田和子)가 한 말이다. 30년 넘게 영업하면서 확보한 고객 수는 자그마치 2만 5,000명이다. 고객 2만 5,000명은 기업체를 공략하지 않고는 불가능한 숫자이다. 한 뿌리에서 수많은 줄기를 만들어내는 것이 소개마케팅의 위력이다.

이렇게 소개계약은 나와 소개자 사이에 신뢰가 무너지지 않는 한 걸림돌 없이 연쇄적으로 무한히 유망고객을 확보할 수 있다. 또 다른 고객을 계속 소개받을 수 있다. 영업하는 동안은 끊임없이 고객을 창출해야 명맥이 유지된다.

이 중 연고나 개척을 통한 영업활동은 세일즈맨이 고객 한 명 한 명을 직접 만나면서 신규고객으로 만들어야 하지만 소개활동은 세일즈맨이 아닌 다른 사람, 즉 협력자가 세일즈맨 역할(세일즈 도우미)을 대신해준다. 따라서 연고나 개척판매의 한계를 극복하고 우량고객의 연쇄적 확보가 가능하다.

기존고객의 소개를 통한 무한연쇄방법을 활용하여 유망고객을 확보할 수 있기 때문에 일단 소개의 싹(소개확보를 가져오는 씨불 고객)이 확실히 튼 다음부터는 굳이 힘든 백지시장에서 개척영업활동을 하지 않아도 된다.

> **업적 상승 위해
> 키맨 꾸준히 발굴**

키맨은 세일즈맨의 고객 발굴 능력과 질적 요소에 따라 좌우되지만, 일반적으로 그 수는 극히 제한적이다. 키맨은 시험 볼 때 1등이 한두 명 나오는 것처럼 고객이 100명이면 1~2명밖에 나오지 않는다. 그러나 이 한두 명의 키맨이 한 사람의 성공 여부를 결정짓는 변수로 작용할 경우가 매우 많다. 이 때문에 비즈니스를 하는 사람은 소개 키맨을 잡으려고 애쓴다.

성공하는 사람은 누구를 막론하고 자신의 일에 디딤돌인 키맨이라는 확실한 멘토가 있다. 키맨을 발굴하여 그들의 후광효과를 적극 활용하는 것만이 성공을 향한 최선의 방책이요 지름길이다.

> **Tip**
>
> 리더 한 명이 조직의 운명을 좌우하고, 인재 한 명이 기업을 먹여 살리듯 키맨 한 명은 비즈니스맨의 성공을 결정짓는다. 키맨이 있는지, 키맨이 몇 명인지가 성공의 크기를 결정한다. 소개확보를 위한 최고의 핵심 타깃(core target)인 키맨은 영업의 운명을 가름한다. 키맨은 영업 성공에 디딤돌을 놓아주는 최고의 모티베이터다.

키맨 확보 숫자가 성공 가름

| 키맨은 |
| 어떻게 확보할까? |

현재 하는 일에서 정상에 서려면 키맨을 10명 이상 반드시 확보해야 한다. 그러면 어느 조직에서든 일인자로 입지를 굳힐 수 있다. 키맨을 10명 이상 보유했다 함은 1년에 1,000건 이상의 판매 건수가 생길 수 있다는 것이기 때문이다. 이는 세계 최고의 세일즈 왕이라는 조 지라드(Joe Girard)가 자동차 판매 기간에 세운 한 해 최고 기록에 버금가는 어마어마한 실적이다.

이렇게 키맨의 역할은 중요하므로 키맨의 확보 목표치를 적어도 다섯 명으로 잡고 매진하는 열정적인 의지가 필요하다. 이 숫자는 인간의 잠재능력과 의지의 표출 상태를 고려할 때 누구나 가능한 숫자이다. 다만 ① 전문가의 기질과 사명감을 갖고, ② 현재의 일을 얼마나 사랑하고 정열적으로 몰두하며, ③ 고객을 얼마나 이웃 또는 가족과 같이 대하며, ④ 인간적으로 얼마나 매력을 풍기고, ⑤ 어떤 마음으로 고객을 늘 대하느냐에 달려 있다.

처음부터 키맨을 확보하기는 쉽지 않다. 협력자와 단골고객은 대부분 확보하고도 진정한 키맨은 한 명도 확보하지 못하는 사람이 부지기수다. 설령 확보했다 해도 한두 명이다. 이 숫자도 자타가 공인하는 프로들에게 국한된다. 영업을 잘한다고 입에 오르내리는 세일즈맨들도 키맨이 아닌 협력자를 10명쯤 확보하고 있을 뿐이다.

먼저 자신의 상품가치를 드높일 인격수양, 지식습득, 프로십 함양, 컨설팅 능력 배양에 매진하면서 만나는 사람을 내 사람으로 만드는 기초 작업부터 확실하게 다져야 한다. 그런 다음 고객성향을 분석해서 신규고객이나 협력자가 되게 유도한다. 키맨은 기존고객과 신규고객, 협력자 안에서 생기는 부단한 노력의 결정체다.

Tip

고객은 충성 여부에 따라 ① 백지고객, ② 가망고객, ③ 단순고객, ④ 단골고객, ⑤ 협력고객, ⑥ 충성고객, ⑦ 키맨 7단계로 분류된다. 이 가운데 백지고객, 가망고객, 단순고객을 제외한 단골고객과 협력고객, 충성고객, 키맨에 해당되는 고객을 한데 묶어 협력자(co-worker)라고 한다. 협력자가 소개해주는 인원은 기존고객 1~3명, 단골고객 3~5명, 충성고객 5~10명인 데 비해 키맨은 무려 50명 이상이다.

키맨은 그야말로 일당백의 역할을 한다. 키맨은 인맥의 핵이 되는 매우 소중한 사람이다. 키맨을 얼마나 많이 확보하느냐에 따라 성공이 좌우된다 해도 지나친 말이 아니다.

소개는 사랑과 함수관계

| 소개는
사랑과 같다 | "소개와 사랑은 열정과 지속도가 매우 흡사하다. 서로의 믿음이 충만한 가운데 형성된다. 상호 심리적 유대감이 형성되어야 그 싹이 움튼다."

사랑은 상대방을 향한 뜨거운 열정, 살가운 친밀감(마음의 공유), 아낌없는 헌신을 잘 배합해야 움튼다. 일반적으로 초기의 성적인 이끌림에 따라 달아오르는 기간은 6개월~1년이며, 그 후에는 친밀감과 헌신의 영역이 이를 대체한다.

소개 또한 매력에 이끌리다가 친밀감과 헌신의 영역이 이를 대체하는 것이다. 사랑의 열기가 뇌하수체 호르몬의 분비와 관계있고 대략 18~36개월에 결과를 맺듯이 소개도 지속적이지 못하고 대부분 이 기간에 이루어지고 끝을 맺는다.

소개마케팅은 사랑과 맥을 같이하는 함수관계라고 할 수 있다.

··· 사랑과 소개의 함수관계 ···

단계	생성호르몬	사랑	소개	비고
1단계(만남)	도파민	그냥 호감을 느낌	신뢰감 형성	인연의 싹이 틈
2단계	페닐에틸아민	매력에 흠뻑 빠지게 됨 (플라토닉한 사랑)	고객만족	인간관계 형성
3단계	옥시토신	안 보면 못 배길 정도로 열정적 사랑	고객감동	친숙관계 도모
4단계 (3년 이내)	엔도르핀	육체적·정신적 사랑으로 승화	부채감 조성	가족의식 싹틈
5단계 (3년 후)	정(情)	공기(물) 같은 존재(고운 정, 미운 정)	우정으로 연결	친밀한 이웃사촌

키맨의 소개 역할에도 일정한 흐름이 있다. 언제나 소개해주는 것이 아니다. 왜냐하면 소개자가 아는 사람에 한계가 있기 때문이다. 소개자 또한 자신의 일이 있기에 세일즈맨만 배려하면서 마음과 시간을 축낼 수는 없다. 가족도 아닌 제3자에게 3년 이상 계속해서 소개확보를 해달라는 요구에는 무리가 따른다. 그간 좋게 지낸 돈독한 인간관계에 자칫 심한 상처를 안길 소지가 다분하다.

실제로 필자가 아는 세일즈맨 가운데 처음에는 성공의 기쁨에 들떴다가 나중에 실패한 경우는 모두 이런 범주에 속한다. 키맨 몇 명에게 때로는 어리광 비슷하게, 때로는 상대방 배려 없이 무리하게 추진하다보니(사랑의 열기가 식어 애인이 미워지듯) 키맨 또한 세일즈맨이 달갑지 않아 점점 멀리하게 된 것이다.

많은 사람이 소개영업하면서 실패하는 주된 이유는 확보한 협력자나 키맨에게 너무 의존했기 때문이다. 이들을 철석같이 믿은 나머지 다른 소개의 싹을 틔우려고 생각하거나 노력하지 않았기 때문이다. 키맨의 수명이 한시적이라는 중요한 사실을 간과한 것이다.

소개자가 소개해주는 기간은 대개 3년 이내라는 점, 3년이 지나면 대부분 소개 자원이 고갈되어 소강상태가 지속된다는 점을 명심해야 한다.

따라서 현재의 키맨도 중요하지만 미래의 다른 키맨을 집중 발굴하여 관리해야 한다. 단발성으로 끝나면 안 되기 때문에 소개를 이끌 동량을 발굴해서 육성해야 한다. 직장에서는 상사나 동료·후배들의 신뢰가 두텁고 거래처와 관계도 친밀하며 사외에서도 인망이 높은 사람이 여기에 해당한다. 그들은 이렇다 할 결정권은 부여받지 못했지만, 조직의 핵심으로서 키맨 기능을 충분히 수행한다.

중요 전략은 이런 미래의 키맨을 찾아 비즈니스 동반자로서 교제를 차분하게 심화하는 것이다. 이들은 입지를 굳히기 전부터 세일즈맨을 알고 지내면서 자신의 성장에도 세일즈맨이 일익을 담당했다고 생각하기 때문에 아낌없이 협조할 수 있다.

그러므로 처음부터 관리를 잘하면 현재 사회에서나 직장에서 영향력을 행사하는 사람보다 더 나은 결과를 가져올 수 있다. 키맨을 활용한 마케팅 전략은 비즈니스 성공의 가장 효율적인 방안이다.

키맨 확보 방법

| 키맨으로 |
| 적합한 유형 |

나를 정상으로 이끌 키맨을 발굴하려면 정치, 경제, 사회, 문화 등 고객의 활동 영역에서 권위 있는 사람을 찾아야 한다. 사업자단체, 사회단체, 스포츠 친목회 또는 전문직이나 가족 등 다방면의 인맥을 적극 활용하여 발굴해야 한다. 또 군중심리를 유도할 팔로십을 갖춘 유명인사를 키맨으로 만들면 상당한 시너지 효과를 볼 수 있다.

현재는 무명이고 권력이나 상층부와 거리가 먼 사람 중에도 키맨은 있기 마련이다. 세일즈맨의 지인 가운데에도 보통사람보다 교제범위가 넓고 신뢰감을 주는 사람이 있다. 이런 사람과 접촉하여 키맨이 되게 하면 세일즈맨의 업무를 쉽게 할 수 있다.

주변에 영향력을 행사하는 협력자와 소개자 가운데 키맨으로 적합한 사람은 ① 신용이 좋은 사람, ② 교제범위가 넓은 사람, ③ 다른 사람 돌보기를 좋아하는 사람, ④ 거래처가 많은 사람, ⑤ 발언권이 강한 사람, ⑥ 하청업체가 있는 상급기관에 근무하는 사람 등이다.

세 방향으로 키맨 발굴 추진

키맨이 영원히 소개해줄 수는 없으므로 사다리놀이 하듯 키맨의 효력(?)이 상실되기 전에 안전장치를 만들어야 한다. 업적과 소득에 굴곡이 심하게 발생하지 않게 소개의 씨불을 거미줄처럼 만들어야 한다. 키맨의 목표가 다섯 명이라면 맨 처음 만든 '1기 키맨' 5명의 유효기간은 3년 정도이므로 1년째 되는 시점부터 서서히 바통을 이어받을 키맨을 발굴하고 육성해야 한다.

기존고객과 협력자 가운데 키맨으로 적합하다고 판단되는 사람을 '소개의 씨불'로 만들어 '1기 키맨'에서 더는 신규고객이 창출되기 어렵다고 판단되는 시점에 곧바로 투입해서 '2기 키맨'으로 활용해 소득이 연착륙되게 노력한다.

키맨을 연속적으로 이어지게 하는 방법은 세 가지다.

1. 나를 비롯해서 내가 아는 모든 사람
2. 내가 아는 사람을 통한 다른 사람과 인맥 형성
3. 자신이 아는 사람을 통해 알게 된 다른 사람을 키맨화한 다음 이를 통해 또 다른 사람과 인맥 형성

여기서 중요한 사실은 먼 곳에서 소개자를 찾을 게 아니라 첫째 방법처럼 나 자신이 소개자라고 생각하여 피소개자를 찾아나서야 한다는 점이다. 벨기에 시인이자 극작가인 모리스 마테를링크(Maurice Maeterlinck)가 지은 동화극 〈파랑새〉에 나오는 "행복은 멀리 있는 게 아니라 언제나 가까이에 있다"라는 구절처럼 '소개의 씨불' 또한 멀리서 찾으려고 하면 절대 안 된다.

나 자신이 '소개의 씨불'이 되어야 한다. 즉 '자신이 나를 소개해주지 못하면 다른 사람이 어떻게 나를 소개해줄 수 있겠는가?'를 늘 자문자답하면서 자기를 관리해야 함을 잊어서는 안 된다. 내가 나를 소개하지도 못하면서 남에게 나를 소개해달라고 부탁하는 것은 도둑놈 심보다. 따라서 소개마케팅 전에 가장 먼저 실행할 것은 거울을 보고 자문해보는 것이다.

'거울아! 거울아! 이 세상에서 나를 소개해줄 사람은 누구지?' 하고. 만약 자신의 모습과 가치가 조금이라도 부족하다고 느껴진다면 다른 사람도 당연히 그렇게 느낄 것이다. 그러면 소개받을 확률은 매우 낮아진다.

자신이 먼저 나의 소개후원자가 되고 아는 사람을 통해 소개의 씨불을 만들고 이를 연쇄적으로 심으면서 이미지 전략과 마케팅 전략을 병용한다. 소개의 씨불 지킴이는 반드시 세 방향으로 끌고 나가야 한다. 어느 한 가지라도 등한히 하면 키맨을 다섯 명 이상 지속적으로 만들기는 불가능하다.

… 키맨 확보 위한 실천 매뉴얼 7가지 …

1. 우선 내 비즈니스연고 중 소개협력자가 될 사람을 발굴한다.

   고객이나 지인 중 가장 영향력 있는 사람을 협력자로 만들기에 전력투구한다. 키맨의 싹이 보이면 스펀지에 물 스미듯 끈기 있게 추진한다.

2. 고객이 되면 기존고객의 모든 정보를 빠짐없이 기록하고 철저하게 관리한다.

   신규고객은 소개의 씨앗을 심는 데 최적의 조건을 구비하고 있다.

3. 기존고객 주위에 어떤 사람이 있는지 예의주시한다.

   정기적으로 만나면서 다른 사람들에 관한 정보를 수시로 입수한다.

4. 키맨의 가족을 모두 내 고객으로 만들도록 노력한다.

   협력자가 상품 만족과 서비스 제공에 부채감을 느끼고 스스로 협조하게 지속적으로 그 가족까지 친밀도를 넓힌다.

5. 협력자가 부채감을 가져야 키맨으로 클 수 있다.

   고객에게 만족과 감동과 부채감정이 생기게 만든다. 상대방에게 받은 베풂은 반드시 그 이상으로 되돌려주는 마음으로 활동한다.

6. 키맨과는 일주일에 적어도 한두 번 면담한다.

   계속 유대관계를 이어갈 수 있게 DM이나 이메일로 세일즈 터치 툴을 보내거나 해피콜을 하면서 관련 정보를 제공한다.

7. 가족처럼 배려하며 친밀한 관계를 형성한다.

   키맨으로 적임자인 사람을 발굴하면 다른 고객보다 정성을 들여 내 사람으로 만든다. 그의 경조사에는 반드시 참석한다.

대리만족과 보상심리 이용

> **1등과 2등의 차이점**

'1등과 2등의 차이는 뭘까?' 1등과 2등은 한 끗 차이지만 이 차이에는 비밀이 숨어 있다. 바로 성공과의 함수관계이다. 1등과 2등은 업적 차이가 크지는 않지만, 소득에서는 두 배 넘게 차이가 발생한다. 상금이 거의 1등에게 주어지기 때문이다. 조직에서는 경영 및 영업전략상 스타를 발굴하여 몰아주므로 1등과 2등은 차이가 크다.

키맨도 마찬가지다. 소개자가 키맨이 되느냐 아니면 단순한 협력자로 남느냐에 따라 매우 큰 차이가 있다. 키맨은 일의 성공에 절대적인 영향력을 미치지만 협력자는 상대적인 영향력을 미친다.

키맨이 되면 그의 개인사 일부를 당신을 위해 할애하는 손해를 감수한다. 키맨은 자기 일에서 일정 부분을 투자해서 도와주는 것, 확실하게 도와 보람과 긍지, 대리만족을 느끼려는 심리적 성향이 강하다. 자신이 비즈니스로 성공하지 못하는 것을 여러분에게 바라는 일종의 보상심리도 깔려 있다.

사람은 완벽할 수 없으므로 자기 분야 이외에서 월등한 업적을 올리는 사람을 뒷받침해주어 그가 성공했을 때 대리만족하는 경우가 실제로 많다. 겉으로는 그렇지 않더라도 내심으로는 자신의 도움으로 성장했다는 칭찬을 받고 싶어한다. 고객의 이런 심리를 활용할 줄 알아야 한다.

키맨은 자기가 도와주는 사람이 해당 분야에서 다른 사람의 찬사를 받는 리딩 히터가 되기를 바란다. 일반 사람은 그저 도와주는 것이 고마워서 그것만으로도 감지덕지한다. 그러나 프로는 소개자가 도와준다는 사고를 뛰어넘어 '나를 더 훌륭한 사람이 되게 당신이 조금만 더 힘을 보태 키워달라'고 요청한다.

그리하면 대부분 소개자가 이왕 도와주는 김에 좀 더 봉사한다는 마음으로 소개의 물꼬를 터주면서 계약이 성사되게 수고를 아끼지 않는다. 그 결과 여러분이 성공하면 소개자는 일정 몫, 즉 성취감과 자긍심, 도운 것에 대한 보답을 누리게 된다. 이것이 상생의 비즈니스요 1등과 2등의 차이점이다.

키맨이 도왔을 때에는 어떤 형식으로든 정성스럽게 보답해야 한다. 오는 정이 있어야 가는 정이 있음은 인지상정이다. 소개자에게 부채감정을 느끼게 해야 소개의 싹이 움튼다. 먼저 소개자에게 다가가 감사의 마음으로 보답을 해야 소개자의 마음이 그 자리에 머물면서 소개해주고 싶은 마음이 고인다는 것을 명심하고 이를 전략적으로 추진한다.

  영업은 단지 상품(물건)이나 서비스를 파는 것이 아니다. 상품(서비스)을 팔지 말고 진정성 있는 마음과 그 마음에서 우러난 자신의 가치를 팔아야 한다. 진정성 있는 마음가짐으로 대하면서 물건과 자신의 인격을 같이 팔아야 한다. 그래야만 고객은 공감을 하게 되고 체결한 상품에 만족감을 표시하여 자랑과 보상심리가 싹트게 되는 것이다.

소개카페

마음의 빛 줘야 소개의 빛 본다

보험영업을 하는 황 팀장은 요즘 일할 맛이 절로 난다. 출근할 때는 늘 새롭고 설렌다. 고객을 만나는 부담감이 이상할 만큼 거의 없다.

그런 그녀도 보험 상품을 판매한 지 10년이나 되었지만 고객을 만난다면 항상 긴장감이 앞섰다. 판매한 상품에 클레임이나 컴플레인이라도 걸리면 그날 일은 완전히 망치고 후유증도 오래가서 영업에 차질을 빚은 적이 한두 번이 아니었다.

그런데 지금은 마감이 힘들고 영업이 어렵다고 해도 완전판매를 지향하는 습성이 몸에 배어 고객의 거절과 불평, 불만에도 능히 대처할 줄 아는 능력이 생기고 자신감이 생겼다. 황 팀장에게 자신감과 영업 내공이 쌓인 까닭은 다름 아니라 고객에게 마음이 담긴 소중한 선물을 받았기 때문이다.

영업인은 대부분 고객에게 선물을 주기만 하지 받아본 사람은 별로 없을 것이다. 처음 받아보는 선물이라 어리둥절했지만, 황 팀장은 영업에 대한 인식과 패러다임이 완전히 변했고 고객을 대하는 자세도 바뀌었다.

황 팀장이 고객에게 선물을 받게 된 것은, 수많은 거절 끝에 간신히 가입한 고객(전업주부)이 계약을 유지할 수 있게 아는 사람을 통해 직업을 소개해줌은 물론 인생 카운슬러를 자임하고 경조사를 빠짐없이 챙겨 친척보다 더 정이 간다는 고객의 칭찬과 더불어 자매처럼 지내게 된 덕분이다.

특히 고객이 갑자기 찾아온 유방암 때문에 고통을 겪고 좌절할 때 주어진 보험금은 치료비에 도움이 되었을 뿐만 아니라 삶의 의욕까지 생기게 해주었다. 그 고객은 보험에 가입하라고 할 때 냉정하게 거절해도 싫은 내색 한번 하지 않고 지금까지 자신을 가족처럼 챙겨준 황 팀장이 고마워 일생일대 가장 큰 선물을 하는 것이라고 했다. 그리고 가족과 친척은 물론 아는 사람들에게 황 팀장을 소개하는 데 발 벗고 나섰다.

그 결과 10년이 지난 지금도 가장 든든한 협력자가 되어주고 있다. 일상생활에서도 도움을 준다. 목도리나 장갑, 밥상보, 잠옷도 손수 뜨개질하여 선물한다. 일하느라 바쁠 것이라며 김치나 밑반찬도 만들어 갖다준다.

'마음의 빚을 안겨줘야 소개의 빛을 본다'는 사실을 깨달은 황 팀장은 당시의 선물이 촉진제가 되어 지금은 오로지 소개영업만 하면서 고소득전문가로 즐겁게 일하고 있다. 고객을 진심으로 배려하는 마음으로 가족처럼 대하면 고객은 언젠가는 반드시 내 편이 되어 머무른다.

PART 4
세계 판매왕들의 소개마케팅 기술

영업을 성공리에 이끌려면 소개를 통해 새로운 시장을 발굴하고 개발해야 한다. 특히 기존고객 중 기업을 운영하는 CEO를 중점 타깃으로 삼아라. 가까운 연고부터 공략하라. 여러분의 가장 큰 우군은 연고자이다. 그러나 연고자 대하기는 맞선볼 때 이성을 대하듯 해야 한다. – 시바타 가즈코

동우회를 통한 **지속적 확보**

| 엘머 레터만 | 〈포브스〉가 선정한 세계 10대 세일즈맨의 한 사람인 엘머 레터만(Elmer Leterman)은 보험영업을 시작한 지 2년 6개월 만에 계약 1,000건을 달성한 전설적인 보험 판매왕이다. "레터만이 영업하면 돌멩이도 상품으로 변한다"라는 속설이 있을 만큼 그는 탁월한 재능을 발휘하며 영업 분야에서 독보적 존재가 되었다.

리더로서 능력도 탁월하여 레터만상사의 CEO도 지낸 그의 판매비법 및 영업 리더로서의 노하우는 수많은 영업자에게 계속해서 전수되고 있다.

특히 그는 소개영업 신봉자로서 "사람에게서 사람으로…, 소개에서 소개로…. 이렇게 하면 가망고객 발굴은 끝없이 이어질 수 있다. 다른 고객을 통한 지속적인 소개확보! 이는 세일즈 성공을 낳는 최고의 지름길이다"라고 했다.

　이 말은 왜 소개마케팅이 중요한지 단적으로 보여준다. 레터만이 알려주는 소개마케팅 비법을 살펴보자.

　"몇 년 전 나는 내가 하는 일과 완전히 다른 상품을 취급하는 사람과 비즈니스 관계를 맺었다. 나는 그가 자신의 비즈니스를 아주 뛰어나게 수행할 것으로 확신했기 때문에 내 고객을 그에게 보내주었다. '매우 유능하고 신뢰할 수 있는 성실한 사람'이라고 칭찬하는 말도 잊지 않고 해주었다. 그가 내 고객들에게 잘해줄 것으로 확신했기 때문이다. 그는 매우 고마워하면서 답례로 그의 고객을 내게 소개해주었다.

　사람들은 그들이 알고 믿으며 편안하게 느끼는 사람과 지속적으로 거래하기를 원한다. 나는 이런 업무제휴의 체계가 잘 수행되는 것을 주변에서 발견했다. 다른 분야에서 일하는 사람과 서로 고객정보를 교환하면서 영업하다보니 자원이 끊이지 않고 10년이 지난 지금도 영업을 잘하고 있다. 이것이 바로 상생을 바탕으로 한 윈윈 전략일 것이다.

　오랫동안 나는 같은 부류의 고객과 사귀면서 영업하여 크게 성공했다. 동우회, 직종, 사업체, 레저, 스포츠 등 공통점이 있는 사람들끼리 만든 모임과 업무제휴를 통한 소개영업을 실행한 결과이다. 한 가지 유형의 사업 분야나 사회모임에서 성공적으로 일할 수 있다면 그 그룹을 잘 관리해야 한다. 서로 공통점이 있을 때 좋은 유대관계를 형성하기가 훨씬 쉽다.

'끼리끼리 모인다'는 속담처럼 특정 모임의 사람은 직업이 같은 사람, 예를 들면 의사, 변호사, 경영자를 만나기 원하는데 그 이유는 서로 편하기 때문이다. 비즈니스를 하는 사람들도 그들이 세일즈맨을 신뢰한다면 세일즈맨을 대화 파트너로 생각할 것이다. 여러분이 의사 몇 명과 계약을 맺어 신뢰를 형성한다면 그들의 전문직 협회에 여러분을 소개해줄 것이다. 물론 프로가 되어야 한다는 전제조건이 따른다."

소개를 통해 비즈니스를 하는 것이 매우 효과적임은 자신이 알고 지내는 사람들이 소개하거나 추천하는 사람이나 상품에 대해 본능적으로 '반드시 좋은 것, 신용할 수 있는 것'으로 단정하는 심리적 특성이 있기 때문이라고 레터만은 말한다.

그만큼 상호 신뢰가 구축된 가운데 소개를 받으면 계약을 성공시킬 확률이 매우 높다는 것이다. 유형의 상품이건 무형의 시스템이건 마찬가지다.

레터만은 "새로운 소개확보를 위해 노력하는 또 다른 좋은 방법은 늘 사람들에게 새로운 만남을 이루길 원한다고 이야기하는 것이다"라고 했다. 예를 들어 자신에게 "사업(영업)이 잘되십니까?"라고 물으면 그는 "네. 아주 잘됩니다. 덕분에 잘됩니다. 고맙습니다"라고 대답한다.

그는 더 많은 중소기업 경영자 또는 그들(리더)이 속한 단체를 만나려고 노력한다. 언제나 고객을 돌보며, 전문가로서의 이미지와 신뢰를 구축해 나간다면 언젠가는 반드시 소개해줄 것이라는 확신을 갖는 것이 그의 비즈니스 철학이다.

Coaching Tip

1. 각종 동우회에 적극 참여하여 회원들과 깊은 인맥을 만든다.
2. 그들이 하는 업무와 생활 패턴을 주의 깊게 살피고 동화해 나아간다.
3. 큰 성공도 작은 계획에서 나옴을 알고 철저히 계획을 세운 후 실천한다.
4. 작성한 유망고객카드를 분석하면서 소개고객을 발굴한다.
5. 내 고객을 통한 소개확보만이 아닌 비즈니스로 연결된 다른 직업군의 사람들에게도 고객을 소개하는 네 시간을 투지한디.

상생 통한 제3인맥 적극 활용

> 이즈카 데이코

모든 비즈니스는 맨 처음 인맥을 통해서 싹을 틔우는 것이 당연지사다. 따라서 인맥을 영업 인프라로 삼고 활용하는 것은 매우 중요한 성공의 잣대다. 주변 사람을 인맥으로 만들려면 감동이든 고마움이든 상대방에게 반드시 어떤 이익을 제공함으로써 나를 기억하게 하는 것이 중요하다. 상생의 입장에 서서 원원효과가 나도록 해야 시너지가 창출된다.

일본생명에서 보험영업을 하는 이즈카 데이코(飯塚帝京)는 입사하고 3개월 동안 마땅히 찾아갈 곳도 아는 사람도 별로 없고, 또 숫기도 없고 말도 잘 못해서 계약을 한 건도 체결하지 못했다. 그녀는 날이면 날마다 영업을 그만두려고 했다. 그러나 여기서 그만두면 다른 일을 해도 중도에 그만두기는 마찬가지라는 생각을 하고 이왕 시작한 보험영업에서 성공해보자고 이를 악물었다.

그렇게 신념을 불사르고 나니 세상이 달라보였다. 모든 게 자기 뜻대로 될 것 같았다. 입사 4개월 만에 첫 계약을 성사시키고는 주먹을 불끈 쥐고 '이제부터 시작이다'라고 하면서 감격의 눈물을 흘렸다.

그 후 부단한 노력으로 3년째부터는 매년 100억 엔 이상의 판매액을 올려 명실상부한 판매왕이 되었다. 그녀가 이처럼 세일즈업계 최고의 커리어우먼으로 발돋움하게 된 것은 고객을 만족시키고 신뢰감을 형성하면서 동업자적 정신으로 상생의 효과를 구현하는 철저한 '기브 앤드 테이크' 전략 덕분이었다. 그녀의 성공 사례를 들어 보자.

가을의 끝자락인 11월 말, 찬바람이 비까지 몰고 와 추위와 비를 피하려고 눈앞에 보이는 은행으로 뛰어들었다. 잠시 휴식하던 곳이 당좌예금창구 앞이었는데 은행직원이 'OO회사!', '△△회사!' 하면서 고객을 불러댔다. 그 말을 듣는 순간 선명하게 머릿속에 떠오르는 것이 있었다. 곧장 지점장을 만났다. 그리고 회사 이름 몇 개를 대면서 소개해줄 것을 정중하게 요청했다. 지점장은 그 회사가 자기 은행과 거래한다는 사실을 어떻게 알았느냐며 놀라워했다.

"은연중 창구에서 직원들이 말하는 것을 들었다"라고 말했다. 그러자 지점장은 생각에 잠긴 듯하더니 "좋습니다. 그 대신 제 일도 한번 도와주십시오"라는 제안을 했다. 지점장 명함은 대단한 효과를 발휘했고, 처음 소개받은 다섯 개 회사에서 계약을 전부 체결하였다. 은행은 자금줄을 장악하고 있었기 때문에 기업체에 강한 영향력을 발휘할 수 있었다.

  은행 지점장에게 이즈카가 도움을 준 것은 대체 무엇이었을까? 그녀는 지점장에게서 소개받은 수만큼 예금계좌를 개설해달라고 조건부 승낙을 받았는데, 이를 차질 없이 실천했다.

  그녀는 만나는 고객들에게 재테크 차원에서 접근했다. 보험상품 설명과 더불어 '재테크를 하려면 주거래 은행을 잘 선정해야 한다'며 이 방면에 전문가를 알고 있는데 소개해주겠다면서 고객을 지점장에게 직접 안내했다. 은행에 예금이나 적금을 할 것이라면, 이왕이면 다홍치마라고 자신이 거래하는 그 지점에 해달라는 요청이 고객을 만났을 때 제1화두가 되었다. 그 결과 이미 보험계약을 체결한 고객이나 지인을 통해 이 문제를 간단히 처리할 수 있었다. 이를 기화로 지점장으로부터 계속 소개확보를 받아낼 수 있었다.

  물론 지점장은 그녀가 데리고 온 고객을 자상하게 배려하여 고객들이 그녀를 더욱 신뢰하게 만드는 다리 역할도 해주었다. 고객들은 감명을 받아 주거래 은행으로 선정하면서 다른 사람에게 그녀를 소개도 해주었다. 이즈카도 지점장도 고객도 모두 상생의 이익을 실현한 셈이다.

  그녀는 깊은 깨달음을 얻었다. '영업은 나 혼자만 잘한다고 되는 게 아니라 상대방과 상생의 자세로 윈윈효과가 나게 해야 진정한 도움을 받을 수 있고 실적도 꾸준히 늘려 갈 수 있다.' 그녀는 평생

'기브 앤드 테이크'를 생활화하여 판매왕 타이틀을 오래도록 지켰다.

이와 같이 서로 도움을 주고받는 것, 동업자적인 정신으로 윈윈하는 것이 바로 갖추어야 할 영업 기술이요 소개확보 전략이다. 다른 사람의 인맥을 적극 활용하자. 동업자적인 상생의 정신으로 영업에 임하자.

Coaching Tip

1. 지금까지 수집한 각종 정보에서 고객에게 도움이 될 정보를 선택한다.
   누구에게 소개확보를 받아낼지를 고민하지 말고, 자신이 아는 사람들과 윈윈을 모색할 방법을 먼저 연구한다.
2. 오늘 당장 아는 사람들을 유심히 살펴보자. 미처 발견하지 못했던 소중한 자산이 분명 어딘가에 있다.
3. 서로 도움이 되는 상생의 길을 모색한다.
   나보다 고객에게 먼저 도움이 되는 존재로 다가서도록 노력한다.
4. 소개의 싹이 보이면 즉시 접근해서 소개확보를 이끌어낸다.
   소개자를 찾기는 매우 어려워도, 한번 찾으면 그 속의 금맥은 다른 어떤 고객 발굴기법보다도 알차다.
5. 아는 사람은 모두 자신의 인맥이라는 울타리 안으로 들어올 수 있게 노력한다.

위로 **올라가** 키맨을 **낚아라**

폴 마이어   '세일즈의 천국'이라는 미국에서 최연소로 기네스북에 오른 보험 세일즈맨 폴 마이어(Paul J. Meyer)는 공군에 입대하여 체육교관으로 복무한 후 대학에 들어갔지만 집안 형편이 어려워 3개월 만에 그만두고 보험회사 영업사원 지원서를 냈다. 그러나 나이가 어리고 말을 더듬는다는 이유로 거절당했다. 그 후 취업원서를 수없이 보냈지만 번번이 거절당하기를 무려 57번.

그는 거절당할 때마다 마음속으로 '어떻게 해서든지 반드시 성공한 내 모습을 보여주고 말겠다'고 이를 악물며 신념을 불태웠다. 그는 마침내 한 보험회사 영업사원으로 들어갔다. 입사하자마자 열정적으로 일했다.

하지만 결과는 영 신통치 않았다. 보험을 들어줄 것 같은 지인들에게 번번이 거절당했다. 개척활동으로 영업방향을 틀었지만 낯선 시장에서 반응은 더욱 싸늘하기만 했다. 그는 여기서 한 가지 사실을 깨달았다.

'누구나 윗사람한테는 약한 심리를 보이는 비즈니스와 인간관계의 특성을 영업에 적극 활용해야겠다'라고 결론을 내리고 그 방법이 바로 소개의뢰라고 확신했다. 그러려면 키맨을 발굴하여 내 편으로 만드는 것이 지름길임을 알게 되었다. 수많은 협력사와 계열사를 거느린 대그룹 회장을 자신의 키맨으로 만들어 피소개자를 확보해야 성공할 수 있다고 확신했다.

키맨을 확보하지 못하면 절대로 이 분야에서 크게 성공하지 못한다는 인식과 함께 이의 달성을 절체절명의 과제로 삼았다. 그래서 그룹에서 영향력을 행사할 수 있는 회장을 협력자로 만들려고 노력했지만 계속해서 문전박대를 당하며 헛수고로 끝나고 말았다. 그는 이때 깨달았다. 그래서 만남도 인연이므로 일단 점찍어둔 한 대그룹 회장을 만나는 것에 올인하기로 했다.

그 뒤 그는 키맨 대상으로 염두에 둔 회장을 집중 공략하기로 굳게 다졌다. 그러고는 키맨으로 만들지 못하면 영업도 인생도 성공할 수 없다는 벼랑 끝 전술로 공략했다. 당사자를 만나기도 전에 비서에게 거절당했다. 수없는 거절의 연속으로 지쳐가던 어느 날 아이디어를 냈다. 아주 고급스러운 포장지로 싼 상자를 들고 그 비서를 찾아갔다.

"회장님께 드리는 중요한 선물인데 꼭 회장님께서 직접 풀게 해주십시오." 회장이 상자를 풀어 보았더니 아무것도 없고 상자 바닥에 편지만 놓여 있었다. 편지에는 이렇게 쓰여 있었다. "저는 매일 하느님도 만나는데 회장님을 만나기는 정말 힘이 듭니다. 회장님은 제가 가장 존경하는 분이라 꼭 뵙고 조언을 듣고 싶습니다. 부족한 제가 성공할 수 있도록 시간을 잠시만 내서 제 말씀을 들어만 주신다면 무한한 영광이겠습니다."

회장은 그의 열정에 마음이 움직여 면담을 허용했고, 그 후 두 사람은 평생 좋은 거래관계를 유지하였다.

회장 덕분에 폴 마이어는 첫해에 놀랄 만한 실적을 올렸다. 회장은 최고의 키맨이 되어 그를 내내 도왔다. 미친 듯 일하여 1년 만에 판매실적 100만 달러를 기록했다. 그의 나이 27세였다. 여기에 만족하지 않고 판매 100만 달러 실적 올리기 '최단 시간'에 도전하여 하루에 150만 달러가 넘는 실적을 올리는 전무후무의 기록을 세워 백만장자가 되었다.

그는 그때의 만남이 판매왕으로 올라서는 계기가 되었다고 회고한다. 기업에서는 인재 한 사람이 10만 명을 먹여 살리듯 키맨 한 명이 수많은 고객을 몰고 와 영업을 탄탄대로로 이끌어준다.

자기만의 독특한 비결로 위대한 세일즈맨이 된 사람은 많다. 고객창조에 뛰어난 사람, 고객관리에 탁월한 사람, 판매비결이 월등한 사람도 많다. 그러나 가장 중요한 것은 폴 마이어처럼 참된 아이디어와 끈기로 고객의 마음을 사로잡는 감성마케팅을 펼쳐 신뢰를 구축하고 소개를 의뢰하는 것이다.

폴 마이어는 "꿈은 실현 가능하기 때문에 꾸는 것이다. 마음속에 그린 걸 생생하게 상상하고 열의를 다해 행동으로 옮기면 무슨 일이든 할 수 있다"라고 했다.

Coaching Tip

1. 자신이 왜 이 일을 하는지 확실한 어젠다를 설정한다.
2. 핵심 타깃에 대한 정확한 목표 설정이 중요하다.
   누구를 키맨으로 삼아 세일즈 도우미로 만들지 그에 대한 명확한 목표 설정이 선행되어야 한다.
3. 반드시 키맨을 확보하고야 말겠다는 강한 신념을 불태운다.
   목표를 세우고 끝까지 밀고 나가면 성공하기 마련이다. 아무리 어려운 상황이 닥쳐도 포기하면 절대 안 된다. 뚜렷한 목표가 설정되면 그를 토대로 로드맵을 형성하고 오로지 키맨을 확보하기 위해 매진한다.
4. 키맨 후보로 점찍은 사람이 있으면 '열 번 찍어 안 넘어가는 나무 없다'는 속담을 진리로 받아들여 끈질기게 공략한다. 다만 고객이 싫어하거나 큰 부담을 갖지 않게 조심한다.
5. 항상 상대방에게 최선을 다하는 진지한 모습과 고객을 생각하는 열린 마음을 보여준다.

소개해주고 싶은 마음

스즈키 야스토모

스즈키 야스토모(鈴木康友)는 대학 졸업 후 가스회사 등을 전전하였지만 적성에 맞지 않았고 만족하지 못했다. 샐러리맨보다는 세일즈맨이 되어 돈을 많이 벌고 싶었다. 영업을 해보기로 결심하고 세일즈 가운데 상대적으로 고수입을 올릴 수 있는 소니생명보험에 입사했다. 처음에는 아는 사람들만 찾아 나섰다. 그렇게 몇 달 지나니 자원은 고갈되고 업적은 곤두박질쳤다. 급여도 줄었다. 개척활동은 신통치 않았다.

어떻게 해야 이 난관을 극복할까 고민하다가 자신에게 문제점이 있음을 발견했다. 샐러리맨 시절 습관이 몸에 배어 주말은 모두 쉬고 평일에도 근무시간에만 영업하고 나머지 시간은 친구를 만나거나 모임에 참석하여 술이나 마시며 지냈음을 깨달았다. 세일즈맨과 샐러리맨은 일하는 방식과 생활습관이 달라야 함을 이때 뼈저리게 느꼈다.

즉 '세일즈맨은 1년 365일 오로지 하는 일만 생각하면서 어떻게 하면 영업을 잘할까? 내 고객을 어떻게 하면 잘 관리할까? 어떻게 하면 쉽게 고객을 확보할까?'를 고민하고 실천방법론을 모색해야 함을 깨달은 것이다.

그래서 근무시간 이후의 모임도, 주말도 영업의 연장선으로 생각하고 사람들에게서 영업 정보를 수집하기 위해 늘 메모장을 갖고 다녔다.

사람은 누구나 남들에게 자랑하길 좋아한다. 그런데 자랑거리는 ① 자기 자랑, ② 자기가 아는 유명인사를 내세워 은연중 과시하고 싶은 마음, ③ 주변 사람들 중 지금의 모임 소재로 적당한 사람을 안줏거리(?)로 삼는 것 세 가지로 구분됨을 알았다.

스즈키는 사람들과 대화에서 상대방이 자기 자랑할 때 직업과 관련하여 주변 사람의 이름을 말하는지 또는 자기가 아는 유명인사의 이름을 말하는지를 유심히 관찰하면서 그 내용을 기억했다가 화장실 가는 척하고 나와서는 메모장에 인적사항을 적었다.

그리고 며칠 후 그 사람에게 전화해서는 저녁식사에 초대했다. 분위기가 무르익을 즈음 "혹시 누구누구, 이러저러한 분 아시느냐?"면서 운을 띄우고 "그분을 소개해주십시오!" 하고 정중히 부탁했다. 그러면 상대방은 깜짝 놀라 어떻게 그의 이름을 아느냐면서 정색했다. 그러면 스즈키는 자초지종을 말하면서 "선생님의 도움이 절대로 필요합니다. 선생님께는 절대로 누가 되지 않게 할 테니 꼭 소개해주십시오. 물론 소개해주시는 그분께도 불편을 드리지 않겠습니다. 단지, 가계자산을 올바로 관리하는지, 재무설계는 변화하는 라이프스타일에 맞게 잘되어 있는지 컨설팅을 하겠습니다"라고 했다.

그러면 상대방은 대부분 소개부탁을 들어주곤 하였다. 스즈키의 영업은 이와 같이 일과 후 모임에서 얻은 정보에서 시작되었다.

이런 방식으로 소개영업을 한 뒤로 그의 실적은 일취월장하였다. 신규 보험계약을 일주일에 2건씩 연속 550주 동안 체결하여 기네스북에 오른 입지전적 인물이 되었다. 영업을 일상생활에 접목하기, 평소 대화 때 입에 오르내리는 사람의 인적사항을 메모했다가 나중에 저녁식사 자리를 마련하여 분위기가 무르익은 다음 그의 인적사항을 말하며 소개부탁하기 등이 일상생활을 영업에 접목한 일본 세일즈업계의 선구자 스즈키의 소개마케팅 비법이다.

소개확보는 저절로 되는 게 아니다. 소개대상자를 찾으려는 열정이 일상생활에 젖어들게 해야 한다. 당신이 이쯤되었다면 상대방은 이미 여러분의 유망고객이 되었다고 봐도 된다. 상대방에게 능력을 인정받으면 소개부탁하기 쉬워진다. 진정한 영업은 현장에서 이루어진다는 사실을 새기고 정보 수집을 생활화하라. 그래서 소개해주고 싶은 사람이 되게 하라.

Coaching Tip

1. 영업을 생활화한다는 철학이 확립되어야 한다.
   비즈니스는 현장 영업이다. 스즈키처럼 사업가로서 인식을 갖고 24시간을 오로지 소개확보와 고객로열티 향상에 투자한다.
2. 고객을 공적 또는 사적으로 만날 때 메모지를 갖고 나간다.
   세일즈맨에게 없어서는 안 될 무기는 메모지다. 고객을 만날 때에는 메모할 준비를 미리 갖추어야 한다.
3. 고객의 입에 자주 오르내리는 사람의 이름을 기억한다.
   고객이 다른 사람의 이름을 조금이라도 들먹이면 즉시 그 사람의 이름 등 인적사항을 암기한다.
4. 암기한 고객 이름을 분위기를 봐가면서 재빨리 메모한다.
   암기한 이름을 잊지 않도록 밖으로 나와 메모지에 적는다. 이때 고객이 눈치채게 하면 절대 안 된다.
5. 적당한 기회를 포착해 지혜롭게 정보를 입수하여 활용하는 감각을 발휘한다.
   재방문할 때 메모지에 적힌 다른 고객을 넌지시 화제로 삼는다. 고객에게 해피콜을 할 때 만남을 약속한 후 분위기가 무르익으면 메모지에 적어놓은 사람으로 화제를 돌려 소개확보로 이끈다.

최고의 영업방법을 만든다

| 알프레드 그래넘 |

판매왕들은 늘 시장과 고객을 연구하고 고객의 욕구와 필요에 적응하는 맞춤영업과 서비스를 실천한다. 영업 마인드, 이미지업, 세일즈스킬, 컨설팅기법, 고객관리에 이르기까지 영업에 필요한 기초부터 다르다. 훌륭한 세일즈맨은 태어나는 게 아니라 만들어진다.

50년 넘게 보험영업을 한 알프레드 그래넘(Alfred Granum)의 성공 비결은 언제나 좀 더 나은 길을 찾으려는 희망으로 열정적으로 고객을 발굴하고 소개확보를 이끈 점이다. 그는 세계 최초로 소개영업을 이론적으로 정립하여 보험세일즈에 한 획을 그은 역사적 인물이다.

그도 보험영업을 처음 할 때 유망고객 발굴에서 부딪치는 여러 가지 어려움 때문에 좌절하는 경우가 많았다. 수많은 거절을 당해야 하는 유망고객 발굴과정은 그에게 그야말로 고통스러웠다. 그가 이렇게 좌절에 빠지던 초기에는 아내와 새로 태어난 아기를 부양할 다른 일이 있다면 그 일을 선택하겠노라고 생각한 적도 많았다. 그의 말을 들어보자.

"신인 시절, 나는 당시까지 이어져 온 관습적인 유망고객 발굴방법을 배웠다. 많은 사람에게 전화하여 여러 장소를 돌아다니고, 수많은 문을 두드리는 것이었다. 신인 시절에는 유망고객 발굴이 거의 지옥 같았다. 왜냐하면 개척을 통한 발굴이 대부분이었으니까. 개척은 영업사원들이 배운 주된 방법이었다.

나는 신인은 이러해야 한다는 개념 때문에 정말 힘들었다. 이런 식으로 교육을 받은 후 일을 시작하려니 내 비즈니스는 정말 지옥 같았다. 이런 개념으로는 일하기 너무 힘들었기 때문에 다른 방법을 찾아보려고 노력했다. 지인들로부터 소개를 통한 유망고객 발굴 방법과 조직 이용 방법, 기록 방법을 배우게 된 것은 이런 계기가 있었기 때문이다."

그래넘의 이런 노력을 계기로 소개를 통한 유망고객 발굴과정이 태어났다. 그는 기존의 개척영업은 바람직하지 못하다고 생각하여 진실로 고객에게 영향력을 행사하면서 판매자도 고객에게 신뢰를 받아 상생의 입장에서 소개 계약을 이끄는 영업방식이 가장 바람직한 영업이라고 단정하였다. 소개를 받는 것은 아주 좋은 유망고객 발굴방법이라고 확신하고 소개영업을 50년 동안 펼쳤다.

고객을 만나기 전에는 거울을 보면서 롤플레잉을 하였다. 고객의 신뢰를 받아야 소개를 의뢰할 수 있고 피소개자 확보로 이어짐을 알았기 때문이다. 끊임없이 영업방식을 연구하고 개선하면서 현장에 접목한 결과 최고의 업적을 늘 거두었다.

그는 영업하는 동안 무려 2만 명이 넘는 고객의 성향을 분석하여 어떻게 고객을 발굴해야 하는지를 이론적으로 정립하기도 하였다. 아버지의 뒤를 이어 보험대리점을 운영하면서 그는 역사에 길이 남는 보험영업인이 되었다. 그의 소개영업방식은 미국은 물론 전 세계 보험업계에서 롤 모델이 되어 교육현장에서 활용되고 있다.

Coaching Tip

1. 비즈니스를 성공으로 이끌 더 나은 방법이 무엇인지 꾸준히 찾고 연구한다. 더 나은 세일즈 방법에 대한 끊임없는 호기심과 불타는 열정을 갖는다.
2. 고객을 과학적으로 관리한다. 공들여 만든 시장을 빼앗기지 않는다는 철학으로, 상담결과를 하나도 빠짐없이 고객카드에 기록하면서 모든 고객을 관리한다.
3. 시작하기 전에 철저히 준비하는 습관을 기른다.
4. 소개마케팅을 비즈니스에 접목하여 계획성 있게 추진한다.
5. 언제나 생산적인 일에 스스로 가치를 둔다. 지식을 습득하고 자기계발에 일정시간을 투자한다.

고객의 성공을 적극 돕는다

> 스티븐 블런트

"고객을 처음 만났을 때의 상황보다 그 고객을 훨씬 더 좋은 상황에 처하게 만들면 고객은 계속해서 소개를 통해 다른 유망고객을 공급해준다."

보험 영업을 20년 넘게 하며 톱에 많이 올랐던 스티븐 블런트(Steven Blount)가 한 말이다. 그의 뛰어난 능력은 굴곡 없는 꾸준한 세일즈 기술에서 나타난다. 그는 젊은 시절 해보지 않은 일이 없을 만큼 떠돌이 직업 생활을 했다. 판매업은 대부분 해보았다. 화장실용품, 자동차, 학습지는 물론 대걸레와 솔을 판매하는 회사에서도 영업을 했다. 날마다 투잡은 기본으로 했지만 벌이가 많지는 않았다.

그는 나이가 들어감에 따라 일주일 내내 일해야 하는 생활에 염증을 느꼈다. 이렇게 무의미하게 영업을 해서는 안 된다고 깨달았다. 한 군데 직업을 선정해 시간을 더 많이 투자하기로 결심했다.

여러 직업에서 얻은 나름대로의 경험을 살려 인기 높고 수입 좋은 보험영업을 하기로 결심하고 보험회사 문을 두드렸다. 입사하고 곧바로 자동차대리점과 화장실용품 판매회사에서 사용했던 판매 기술과 노력을 보험 비즈니스에 본격적으로 적용하기로 결심했다. 그 방법은 고객에게 소개를 의뢰하여 신규고객을 확보하는 것이었다.

초기에는 실패가 많았지만 6개월이 지나고부터는 좋은 성과가 나타나기 시작했다. 그 후 10년 연속해서 100만 달러가 넘는 실적을 올렸다. 그는 어떻게 해야 목표를 달성하고, 긍정적인 정신력을 유지할 수 있는지, 열심히 일하는 것의 가치는 무엇인지를 이야기한다. 그의 성공 담화를 들어보자.

"나는 나의 목표 달성을 목표로 정하기보다 언제나 다른 사람들이 목표를 달성할 수 있게 도와주는 일에 더 많은 관심을 두었다. 나의 장기 목표는 활동타깃이 되는 시장에 모든 초점을 두어 꾸준히 강한 활동력을 유지하는 것이다.

내가 세운 기대치보다 훨씬 더 높은 성과를 이룩했는데, 그렇게 할 수 있었던 가장 큰 이유는 고객의 성공을 적극적으로 도왔고 그 보답으로 소개확보를 많이 받았기 때문이다.

나는 비즈니스 운영에서 변화를 시도할 때 급진적으로 하지 않고 서서히 변화를 유도했다. 나름대로 철저하게 업무윤리를 지켰다. 월요일부터 금요일까지 하루에 적어도 10시간 일했다. 토요일에는 보통 반나절만 일했다. 아주 바쁠 때에는 토요일에도 오전 8시경 출근해 오후 7시 넘어 퇴근했다.

현재 고객 2,000명을 관리하는데 대부분 소개를 통해 확보했다. 나는 각 고객에 관한 DB를 갖고 있기 때문에 매번 필요한 자료를 여기에 수록한다. 연간 점검이라든지, 생일카드 보내기 등 다양한 방법으로 고객들과 꾸준히 접촉한다. 자녀가 태어났다든지 결혼식을 올린다든지, 기념일 등 인생에서 특별한 날을 맞이한 고객에게는 정규적으로 편지를 써서 보낸다. 또 일정한 날짜를 정해놓고 반드시 고객에게 전화를 걸어 어떻게 지내는지 묻고, 그들의 재정 상황과 관련하여 업데이트해야 하는 게 있는지 체크해준다."

그는 소개를 계속해서 받을 방법에 대해 이렇게 말했다.

"일단 고객을 만났을 당시보다 현재 시점에 훨씬 좋은 상황에 처하게 만들어주면 고객은 계속해서 소개를 해준다. 내 책상에는 25명의 소개 리스트가 있는데, 이번 주에 접근할 사람들이다. 나는 고객에게 상품 몇 가지를 혼합·설계하여 판매하는데 유지율은 100%다."

목표를 달성하기 위해 지켜야 하는 가장 중요한 비즈니스 기술은, 첫째 긍정적인 정신력 유지하기, 둘째 나 자신을 믿기, 셋째 열심히 일하기다. 우리 일이 쉽다고 말하는 사람은 아무도 없다. 쉬운 일이라면 모든 사람이 다 성과를 올릴 수 있다. 오랜 시간 열심히 일하면 반드시 목표를 달성할 수 있다. 성취할 목표에는 한계나 제한점이 결코 부과되지 않는다.

"나는 영업할 때, 유망고객이 원하는 것이 무엇인지 들으려고 그

곳에 있다고 생각한다. 유망고객이 무엇을 원하든 간에 그것은 절대 틀린 것이 아니다. 나는 논쟁하고 싶지 않기 때문에 유망고객이 강하게 대시하면 한 걸음 물러선다. 나의 가치를 유망고객에게 강요하는 것이 내가 해야 할 일은 아니다.

내가 해야 할 일은, 그들이 아내와 아이들에 대해서 무슨 생각을 하는지, 은퇴 후의 생활과 삶에 대해서 어떻게 느끼는지를 파악하는 것이다.

또 그들에게 중요한 것이라면 무엇이든 간에 그것을 발견하고 이해하려고 노력한다. 설령 유망고객이 아내 몰래 은행에 비자금을 비축하더라도 나는 여전히 그가 현재 어떤 사람인지를 알게 도와준다.

나는 유망고객을 변화시키기 위해 애쓰는 사람이 아니다. 단지 내가 할 수 있는 것은 유망고객을 나와 함께 일하게 될 고객으로 받아들이는 것이다."

그는 고객 발굴처로 신문의 공고, 즉 승진, 결혼, 아기 탄생, 칠순연 등에 대한 알림판을 주로 사용한다. 신문을 스크랩했다가 공고에 난 사람들에게 다음과 같은 서신을 보낸다.

"지금은 귀하와 이런 말씀을 나누기에 적절한 때가 아닐 수도 있을 것입니다. 하지만 나중에 적절한 시기가 되면 귀하의 미래를 준비하는 문제에 대해 꼭 말씀드릴 기회를 갖고 싶습니다."

만남이 성사되면 꼭 축하메시지를 보내고 돈이 되는 재무플래닝 기술을 이야기하면서 고객 가운데 성공한 사람의 사례를 들려준다.

고객을 방문하고 난 다음에는 고객과 이야기한 모든 내용을 고객카드에 기록한다. 누군가가 다시 전화해달라고 요구했다면 고객카드를 파일에 철하여 날짜와 그때 말할 대화 내용까지 적어둔다.

"단 하루도 고객의 이름을 적지 않고 넘어가는 일은 없다. 하다못해 필요한 경우 칵테일 글라스용 냅킨에라도 고객의 이름을 적는다"라는 그의 책상 서랍은 고객카드로 가득 차 있다. 그렇게 인연을 맺은 고객에게는 최선을 다해 도와준다.

그의 고객관리는 주변에서 칭찬할 만큼 철저하고 매끄럽다. 그의 성공은 철저한 고객 발굴과 고객에 대한 아낌없는 배려에서 비롯되었다고 할 수 있다. 그는 "모든 비즈니스맨에게는 사람을 만날 수 있게 하는 소개마케팅 시스템이 필요하다. 자신이 사용하는 방식이 구식이라고 생각되면 자신만의 소개마케팅 방법을 개발하라"라고 말했다.

Coaching Tip

1. 고객이 성공하게 도우면 반드시 반대급부가 따른다. 영업은 고객을 돕는 것이라는 비즈니스 철학으로 소개마케팅을 배운 대로 꾸준히 실천한다.
2. 고객과 면담할 때 '고객이 원하는 것'이 무엇인지 경청한다.
3. 상생의 관계와 윈윈 차원에서 소개의뢰한다.
   나만 생각하면서 소개를 부탁하는 행동에 따른 결과는 지속될 수 없다.
4. 진정성을 갖고 고객을 도와줄 방법을 물심양면으로 찾는다.
5. 많은 사람을 꾸준히 만나서 동반자로 남으면 소개부탁을 할 경우 반드시 들어준다.

소개장은 최고의 보증수표

나폴레온 힐 나폴레온 힐(Napoleon Hill)은 유년 시절에 새어머니로부터 "너는 틀림없이 역사에 이름을 남길 위대한 작가가 될 것이다"라는 말을 들으며 작가가 될 꿈을 키웠다. 13세 때부터 마을에 있는 작은 신문사에서 기자 일을 하면서 글을 썼다. 성인이 되어서는 지역의 여러 신문과 잡지에 기고하면서 작가의 꿈을 키웠다. 변호사가 되려고 대학에 들어갔으나 학비와 생계 때문에 잡지사 기자로 취직했다.

특별한 일 없이 고만고만하게 살던 신출내기 기자였던 힐은 직업에 대한 정체감을 상실할 정도로 우울증에 빠졌다. 선배와 동료들은 다 열심히 잘하는데 자신만 국외자 취급을 당하며 겉돌고 있어 갈등을 겪고 있었다. 그렇게 지내던 1908년 어느 날 철강계의 왕이라는 앤드류 카네기(Andrew Carnegie)를 우연히 만나면서 인생에 전환점을 맞이한다. 힐은 이 위대한 기업인의 성공 비결이 알고 싶었다. 그래서 용기를 내어 카네기에게 다가가 물었다.

"선생님은 평소에 어떻게 시간을 보내십니까?" 카네기는 아무런 대답도 하지 않고 멀뚱히 젊은이를 쳐다보았다. 힐은 다시 질문했다. "혹시 성공비결이 담긴 책이 있습니까? 하루에 몇 시간이나 책을 읽는지, 어떤 책을 좋아하는지 제게 알려주실 수 있습니까?" 이 질문에도 카네기는 아무런 대답을 하지 않았다.

젊은이는 위대한 기업인 앞에서 잔뜩 주눅 들었지만 다시 용기를 내어 성공비결이 무엇인지 물었다. 그제야 카네기가 입을 열었다.

"자네는 성공비결이 궁금한 모양이군. 나는 아직 성공비결을 다룬 책을 보지 못했네. 그렇다면 나뿐 아니라 다른 사람들의 성공비결도 함께 책으로 만들어보지 않겠나? 앞으로 20년간 성공한 사람 500명 앞으로 소개장(letter of recommendation)을 써줄 테니 자네가 직접 취재해서 책으로 엮게. 나는 소개장만 써줄 뿐 재정적 지원은 하지 않겠네. 어떤가?"

카네기는 자신의 성공철학에 대해 상세하게 일러주며 이를 완성해달라는 부탁을 했다. 그러면서 다음 말을 덧붙였다. "내가 소개장을 써주는 것은, 소개장이 소개해준 사람의 분신 같아서 소개장 자체가 내 얼굴과 다름없기 때문일세. 자네가 만나는 사람들은 내 소개장을 보고 자네가 아닌 나를 생각하며 자네를 대할 걸세. 그럼 자네는 내가 아는 모든 사람을 편히 만날 수 있지. 안 그런가? 나는 이

제까지 그 누구에게도 소개장을 써준 일이 없다네. 그만큼 자네를 믿기 때문일세."

그리고 인생의 패배자로서 생애를 마칠지도 모르는 수많은 사람을 위해 성공철학을 20년 넘게 계속 연구할 각오가 있는지 물었다. 카네기의 갑작스러운 제안에 힐은 깜짝 놀랐다. 카네기 같은 인물이 분신 같은 소개장을 써준다는 것은 매우 큰 영광이었다. 그렇지만 곧바로 수입으로 연결되지 않아 망설였다.

그러나 당장의 금전적 도움보다 이런 유명한 분에게 소개를 많이 받을 수 있다는 자체가 더 큰 자산이라고 생각했다. 그는 힘차게 "예, 그렇게 하겠습니다"라고 대답했다. 그러자 카네기는 허허 웃으며 "결정하기까지 29초 걸렸군. 1분 내로 대답하지 않으면 내 제안을 거둬들이려고 했는데…. 그럼 잘해보게나"라고 했다. 힐은 "예, 반드시 해내겠습니다"라고 대답했다.

그 뒤 힐은 20년 동안 카네기가 건네준 507명을 인터뷰하고 조사하면서 성공의 원리를 정리하였다. 그렇게 해서 나온 책이 《생각하라 그러면 부자가 되리라(Think and Grow Rich)》이다. 이 책은 그를 세계적인 성공학 연구자로 만들어주었고 지금까지 5,000만 권 이상 팔렸다.

그의 결단이 조금이라도 늦었다면 카네기의 소개장을 받지 못했을 테고 따라서 성공은 불가능했을 것이다. 카네기의 소개장 덕분에 그는 세계적으로 성공한 507명에게 쉽사리 접근하여 그들의 성공 사례담을 듣고 성공법칙을 추출해낼 수 있었다.

　세계 거물급 위인들이 모두 새파랗게 젊은이의 인터뷰 제의에 망설였지만 그가 내민 소개장에 쓰인 '카네기'라는 이름 때문에 인터뷰를 승낙하고 시간을 내어 자신들의 성공담을 말해주었다.

　새내기 기자를 세계적으로 유명하게 만든 한 통의 소개장은 그렇게도 위력적이었다. 카네기가 일당백, 아니 일당오백의 역할을 한 셈이다. 이처럼 소개장의 위력은 매우 크다. 일의 성사에서 소개장이 결정적으로 도움을 준다. 소개장은 최고의 신용장으로 성공 보증수표다.

　특히 키맨이 써준 소개장은 그의 영향력이 고스란히 담겨 매우 큰 효과를 발휘한다. 소개를 받고 찾아온 세일즈맨을 거절할 명분을 찾기 어렵다. 일반적으로 고객 99%는 세일즈맨에게 친절히 대한다. 왜냐하면 세일즈맨을 거절하는 것은 소개해준 사람을 거절하는 것과 진배없기 때문이다.

　소개장은 고객의 거절 구실을 완전히 봉쇄하는 무기다. 소개장은 만나기 어려운(고위직, 특수전문직 등) 사람들을 만나는 데 매우 효과적이다. 소개장을 제출하면 돈을 투자하지 않고도 판매율을 높일 수 있다. 지금 어딘가에서 여러분에게 소개장을 써줄 키맨이 기다리고 있다. 그 키맨을 발굴하기 위해 전력 매진하자.

Coaching Tip

1. 현 상황에 머물지 말고 더 나은 대안 발굴에 노력한다.
2. 고객을 만나기 전 소개장 양식을 미리 만들어놓는다.
   성별, 직위별로 활용 가능하도록 여러 종류를 만든다.
3. 고객이 소개해준다는 긍정적인 신호를 보내면 피소개자의 정보를 입수한다.
4. 소개장 양식을 내보이며 자필로 써줄 것을 부탁한다.
5. 소개장을 써주더라도 확실한 소개 강화를 위해 전화도 부탁한다.
6. 때와 장소를 살펴 피소개자에게 소개장을 제시해야 효과가 배가된다.

거미줄 인맥을 만든다

> 호세 페르난데스

"나는 오로지 소개로만 영업한다. 30명의 이름에서 12건의 약속을 받아낸 것은 상당히 좋은 실적인데, 이것이 가능한 이유는 모두 소개를 통해 얻은 소중한 이름이기 때문이다. 교회, 파티 등의 사적인 모임도 좋은 소개의 원천인데, 그것은 이런 모임을 통해 나 자신을 소개할 친구를 사귀게 되기 때문이다."

30년 넘게 보험영업을 한 호세 페르난데스(Jose Fernandez)가 한 말이다. 그는 20년 이상 한 달 평균 20건을 계약하고 활동 기간 내내 평균유지율 98%를 달성하는 놀라운 성과를 거둔 공을 소개마케팅에 돌렸다.

그는 많은 고객확보도, 계약을 체결한 고객을 잘 유지하는 것도 소개로 상호 신뢰가 쌓이지 않으면 불가능하다고 확신한다. 고객과 사전에 돈독하게 신뢰가 구축된 다음에 소개가 이루어지고 계약이 성사되기 때문이다.

  그도 처음 영업할 때는 수많은 난관에 부딪혔다. 몇 개월 동안 친척, 친구 등 아는 사람 위주로 영업해서 어느 정도 실적을 거두었는데 신규자원이 고갈되고부터는 업적이 곤두박질쳤다. 맨땅에 헤딩하기식으로 돌입개척도 해보고 낯선 사람들에게 DM도 보내보고 TM도 해보았지만 결과는 신통치 않았다.

  한동안 고민한 그는 좋은 실적을 거두고 고수입을 올리며 영업활동을 꾸준히 할 방법을 모색하였고 선배들의 영업 방식을 벤치마킹한 결과 소개마케팅이 가장 효율적인 영업방법이라는 사실을 깨달았다.

  특히 고객에게 사전에 프로 이미지를 심어주고 계획된 활동을 꾸준히 함으로써 그들에게 신뢰감을 갖게 하는 것이 더 없이 중요함을 알았다. 그는 "일주일에 적어도 약속을 12건 한다. 그것이 새로운 약속이든 지난주에 1차로 전화한 것에 대하여 다시 한 번 전화한 것이든 간에 예외 없이 지키는 일이다. 이렇게 하여 매주 4~5건 판매를 달성한다"라고 했다.

  고객의 신뢰를 얻기 위한 노력과 확고한 의지로 입사 3년째부터 정상을 차지하였다. 그는 영업을 더욱 효율적으로 하기 위해 고객과 약속을 잡기 위한 전화를 일주일 중 하루에 다 했다.

  만일 약속을 잡기 위한 전화를 늘 한다면 조직성 있게 일할 수 없었을 것이라는 것이 그의 지론이다. 그래서 월요일 오후 1시부터 전화를 시작하여 그 주에 만나기 위한 12건의 약속을 달성할 때까지 멈추지 않았다. 12건의 약속을 확보하기 위해 30개에 달하는 이름이 필요하였다.

시간이 얼마나 걸리는지는 전혀 상관하지 않았다. 처음에는 친구와 친척들에게 접근하는 것으로 시작하였는데, 소개마케팅을 실시하고부터는 소개받은 사람들에게만 접근했다. 그의 고객 노트에는 2,500여 명의 고객 명단이 빼곡히 적혀 있다.

만약 고객과의 약속이 취소되면 그 시간을 고객을 위한 서비스에 투자하거나 협력자를 만났다. 그의 이런 집념과 철저한 계획과 고객 신뢰가 어우러져 소개가 줄줄이 이루어진 것이다.

Coaching Tip

1. 고객의 마음밭을 일구도록 친밀감을 쌓는다.
   소개확보를 위한 전제조건은 고객과의 사전 신뢰구축이다. 친밀감이 형성되어야 소개의뢰를 할 수 있다.
2. 자신이 가장 믿을 만한 든든한 사람을 집중 공략한다.
   자신이 믿을 수 있는 사람이라는 것은 상대방 또한 여러분을 신뢰할 수 있음을 의미한다. 든든한 사람은 자발적 후원자(sales post)를 말한다. SP를 만들어야 소개마케팅이 원활하게 추진되고 이를 통해 피소개자가 확보되어 신규계약이 계속 이어질 수 있다.
3. 고객과의 접점 시 좋은 인상을 남기도록 항상 노력한다.
   고객과의 만남의 접점인 진실의 순간을 잘 관리해야 지속적인 방문이 이루어질 수 있다. 라포형성을 통한 고객과의 감정교감이 매우 중요하다.
4. 서비스와 이벤트를 지속적으로 실시한다.
   고객관리의 방점은 사후서비스에 있다. 고객이 내 편이 되게 하기 위한 아이디어를 늘 생각하고 실천한다.
5. 고객과 윈윈할 방법론을 모색한다.
   고객들이 지닌 영향력과 정보를 이용한 지렛대 효과를 자신과 고객에게 모두 이로운 방향으로 최대한 활용한다. 업무제휴 마케팅을 소개마케팅에 전략적으로 접목함으로써 고객과 지속적으로 상생관계로 나갈 수 있게 만든다.

업그레이드된 소개확보전략

조지 시거스턴

"한 달에 10건 이상의 신규계약 체결을 360개월이나 계속해서 이루기까지 내가 해야 하는 일을 벗어나서 특별히 행한 것은 없었다. 내 영업목표는 가능한 한 많은 사람을 만나는 것이다. 중요한 것은 고객 리스트에 무엇이 들어가는지에 따라 무엇이 나오는지가 결정된다는 것이다. 만약 우유배달원들만 유망고객으로 발굴하고 다른 우유배달원 소개만을 부탁한다면 결국 모든 고객이 우유배달원이 될 가능성이 있다.

따라서 고객 수준을 높이고 싶고 기업을 대상으로 판매하여 커미션을 많이 생산하기 원한다면 점진적으로 그러한 가망고객을 여러분의 가망고객관리 체계에 들여오고 예전의 고객 유형을 점차 줄여야 한다.

이런 방법으로 하면 원하는 판매와 비율을 높이 유지할 수 있고,

많은 커미션을 얻을 수 있으며, 수입은 단계적으로 증가한다. 나는 한 고객과 계약을 체결하기 전까지 대개 두 번 만나는데, 첫 번째 만남에서는 그에게서 정보를 얻고 두 번째 만남에서는 내가 작성한 바를 그에게 추천한다.

고객과 개인적으로 만나는 일은 자신이 고객의 일을 가치 있게 생각하고 존중하고 있음을 보여주는 기회다. 특히 특정 그룹을 소개해줄 만한 고객을 발굴하고 계속 관계를 유지하며 단체 소개를 받는 것이 나의 소개마케팅 비법이다. 고객이 가장 아끼고 사랑하는 사람을 알아내는 기술이 필요하다."

30년 넘게 보험영업을 하여 크게 성공한 조지 시거스턴(George Seagerston)이 한 말이다. 그는 더욱 업그레이드된 유형의 고객을 축적하기 위해 소개확보를 요청할 때 반드시 매우 구체적으로 질문해야 한다고 강조한다. 그래야 현재 가진 시장보다 더 큰 판매를 하여 더 많은 수입을 가져올 것이라고 믿는다.

"○○! 이 지역에 연고를 둔 분 가운데 ○○님처럼 직접 경영하는 회사의 사장이나 임원 분을 아십니까?" 이와 같이 구체적으로 질문함으로써 고객이 특정 그룹에 집중할 수 있게 하여 자신이 원하는 범주에 속하는 이름들을 제공하게 하는 것이 그의 소개영업 비결이다.

특정 유형의 가망고객 소개 요청은 어떤 사람의 개인적 요구에도 적용할 수 있다. 만약 특정 직업을 가진 그룹과 일하고 싶다면 "당신 직업과 같은 직업을 가진 사람 가운데 아는 분이 계십니까?"라고 말한다.

일정한 규모의 회사와 함께 일하기를 원한다면 "○○님 회사의 직원 수만큼 고용하고 있는 회사를 경영하는 분을 아십니까?"라고 하고, 부유층 부모를 소개받고 싶으면 "사립학교에 아이들을 보내는 분을 아십니까?"라고 질문한다. 질문을 구체적으로 하지 못하면 여러 유형의 소개확보를 받을 것이며, 자신의 판매와 고객 발굴이 분산되는 결과를 낳을 것이다. 또 모든 부류의 사람은 만나되 어느 분야에도 전문가가 되지 못할 수 있다.

시거스턴이 자주 인용한 방법 하나는 고객과 비슷한 사업을 하는 사람들의 명단을 보여주고 그중에서 아는 사람이 있는지를 묻는 것이었다. 이 경우 십중팔구는 아는 사람이 있었다. 그들이 아는 사람들의 자격요건을 몇 가지 질문한 다음에 고객의 이름을 소개자의 이름으로 사용할 수 있는지도 물어보았다. 그러면 거절하는 경우는 드물었다.

이것은 설정된 그룹에서 소개확보를 선택하는 훌륭한 방법이며 클럽 회원, 이웃 등 다른 어떤 그룹에도 적용할 수 있다. 이 방법에 익숙해지면 어느 곳에서 스스로 소개확보를 선택하는 것이 이상적이다. 이것은 소개해주는 사람에게도 무척 편리하다. 그들의 이름 사용을 허락하는 것 외에는 생각할 필요가 없기 때문이다.

그는 고객에게 사전 양해를 구하면서 고객이 아는 사람 모임에 자주 찾아가 친목을 도모하고 나중에 소개를 의뢰하는 영업전략을 구사했다. 소개를 부탁할 만한 고객을 만나면 무조건 두 명을 소개해달라고 부탁했다. 특히 건물주는 좋은 소개자요 키맨이 될 수 있다. 고객 유형을 바꾸기 원하면 고객 리스트에 들어가는 이름을 바꾸어야 하므로 고객 리스트 관리를 철저히 해야 한다.

자신이 갖고 있는 고객 유형에 만족하지 못하면 가망고객 바꾸기를 주저하지 않았다. 그리고 자신이 원하는 고객 유형에 적합한 사람이면 평생 파트너가 되어줄 것을 약속하며 신뢰를 구축하였다. 그 덕분에 그의 가망고객 명단은 늘어났다. 한 고객에게서 100명이나 소개확보를 얻어 1년 동안 바쁘게 영업한 적도 있다.

이와 같이 키맨 역할을 하는 최우량 고객 발굴과 철저한 고객관리를 통한 업그레이드된 소개의뢰는 영업에 날개를 달아주고 30년 넘도록 즐겁게 영업하면서 부자가 되게 만들어주었다. 그가 한 달에 10건 이상 무려 30년 동안 실적을 올릴 수 있었던 비결을 들어보자.

"나는 고객이 될 사람의 기준을 세 가지로 세웠다. 첫째, 나를 만나기를 원하는 사람, 둘째, 상품에 니즈를 가진 사람, 셋째, 지불할 능력을 갖춘 사람이다. 나는 사람을 직업에 따라 등급을 분류하지 않는다. 사람은 누구나 자신이 현재 실천하는 것보다 훨씬 더 중요한 것을 원한다는 점에서는 모두 같기 때문이다."

Coaching Tip

1. 유유상종의 원리를 소개마케팅에 적용하여 양질의 고객확보에 주력한다. 고객정보 네트워크를 가동한다.
2. 고객이 어느 계통의 사람을 만나고 또 그들과 어떤 관계를 맺고 있는지 사전에 정보를 입수한다. 자신이 원하는 상품과 서비스를 쉽게 구매할 고객을 발굴하는 것이 지름길이다.
3. 허심탄회하게 고객이 참석하는 모임과 단체를 소개해달라고 요청한다. 고객과 자주 얼굴 마주하기를 주저하지 않는다. 특히 춥거나 비가 올 때 고객을 기다리는 습관을 들인다.
4. 소개확보 후에는 피소개자를 통해 다시 소개확보의 길을 열어간다.
5. 자신이 원하는 가망고객을 선정해 고객 리스트를 잘 관리하는 연습을 한다. 고객 리스트에 들어가는 이름을 관리하고 그 결과를 효율적으로 도출하는 기술을 익힌다.

미션 있어야 커미션 있다

프랭크 베트거　　프랭크 베트거(Frank Bettger)는 18세부터 미국 프로야구선수로 뛰다가 29세 때에 부상 때문에 은퇴했다. 허송세월로 보내다가 이 회사 저 회사에 입사하려고 찾아갔지만 자신이 프로선수로 활동해서 그런지 영 적성에 맞지 않았다. 특히 자신의 의중임금과 회사측의 제시임금 차이가 너무도 커서 실망했다. 그러던 중 보험에이전트가 돈을 잘 번다는 소문을 듣고는 그해에 보험회사 영업사원으로 입사했다.

입사 첫 달부터 수많은 거절로 갈등을 겪었다. 10개월 동안 실적이 나빠 몇 번이고 영업을 포기하려고 했다. 계약이 한 건도 없었다. 회사에서도 그를 '싹수 노란 영업사원'으로 치부했다.
더구나 성격이 내성적이고 소심하여 다른 사람 앞에 나서길 꺼리다보니 만나는 고객마다 거절하기 일쑤였다. 입사 1년이 되어 가는데도 고객 만나기가 두려워 계약은 더욱 멀어져 갔다. 가망고객을 방문해야 한다는 생각만으로도 몸서리칠 정도였으며, 고객 사무실 앞에서 몇 시간 동안 배회하며 들어갈 용기를 내려고 애쓰곤 했다.

'아! 도저히 용기가 안 난다. 어쩌면 좋지? 그만둘까?' 하고 깊이 고민하던 그에게 '여기서 무너지면 내 인생 정말 끝이다' 는 절박감이 밀려왔다. 그리고 선배들이 말한 거절에 대한 세일즈 명언을 되새겼다. "영업은 거절을 당했을 때부터 시작된다. 거절당한 순간부터 더 높은 실적을 쌓을 수 있다." 고객의 거절이라는 큰 상처 끝에 계약이라는 열매가 맺힌다는 세일즈 진리를 터득한 것이다.

그는 무조건 소개 위주로 매일 다섯 명씩 만나기를 하루도 빠짐없이 실천하면서 대인공포증을 극복했다. 자신감과 열정을 불사르며 거절에 효율적으로 대처하는 방법을 터득하고 고객관리를 철저히 했다.

이를 기화로 거절을 극복하는 최선의 방법은 경계감을 일거에 해소해주면서 아이스브레이킹 역할과 더불어 라포형성도 어느 정도 미리 해주는 제3자의 소개로 고객을 만나는 것임을 뼈저리게 실감했다. 그래서 협력자 발굴에 나섰다. 그의 협력자는 주로 회계사, 변호사, 부동산 중개업자, 의사, 비즈니스 매니저 등이었다. 이런 사람들은 한 사회의 중심 역할을 하는 사람들과 밀접한 관계가 있으므로 좋은 소개자 역할을 해준다.

끊임없는 고객 방문과 협력자 발굴 결과 5년째부터는 전국 랭킹 5위 안에 들어 55세까지 25년 이상 항상 톱을 달렸다. 베트거처럼 '성공한 세일즈맨'이라 불리는 사람들의 진면목을 살펴보면 타고난 그 무엇이 아니라 각고의 노력 끝에 터득한 마음가짐, 특질, 수완 등이 있음을 발견할 수 있다.

Coaching Tip

1. 자기 직업에 대해 진취적인 생각을 갖는다.
2. 인생을 보는 넓은 안목을 갖는다.
3. 세일즈 '고수'들을 벤치마킹하는 데 주저하지 않는다.
4. 원래부터 판매업에 적격인 사람은 없다. 스스로 자신을 다듬는 길이 있을 뿐이다.
5. 피소개자를 소개받으면 면담은 가능한 한 빨리한다.
   면담약속과 실제 면담 사이에 시간이 길수록 약속이 취소되는 비율이 높다.
6. 고객이 알고 있으리라고 생각되는 사람의 이름을 입수하여 최대한 목록화한다.

세상에 공짜는 없다

조 지라드 미국의 자동차 판매왕 조 지라드(Joe Girard)는 세일즈업계의 신화적 존재다. 그가 자동차 세일즈를 하게 된 동기는 집안이 너무도 가난해서였다. 그의 아버지는 이탈리아 출신으로 미국에 이민 온 뒤 일정한 직업 없이 탄광에서 일용직 광부로 일했다. 쉬는 날이 더 많다보니 집안경제는 점점 쪼들어가고 아버지는 매일 음주로 지새우며 가족을 구박했다.

지라드는 가난한 환경과 아버지의 구타를 못 이겨 고등학교를 그만두고 구두닦이를 하면서 영업 세계에 발을 들여놓았다. 그런데 그의 젊은 영업인 시절은 그야말로 실패의 연속이었다. 스스로 "35세까지 나는 세상에서 가장 실패한 낙오자였다"라고 고백할 정도였다.

고등학교를 그만두고 간신히 마련한 직장에서 번번이 쫓겨나 전직한 직장이 자그마치 40군데가 넘었다. 말이 40군데이지 자신이 너무도 초라하게 느껴져 삶에 회의를 가졌다. 이 일 저 일 안 해본 것이 없고 늘 구박만 당하여 자포자기의 심정으로 하루하루를 보냈다. 마음먹고 시작한 사업도 사기를 당해 인생의 내리막길을 걸었다. 건축업자로 자리 잡고 행복한 생활을 하던 그는 부동산업자의 사기에 걸려 6만 달러의 빚을 지고 자살까지 생각하는 좌절에 빠지기도 했다.

그러다가 쉐보레자동차 대리점에 딜러로 입사했다. 자동차판매를 시작했을 때는 영업을 제대로 하지 못했다. 세일즈가 도저히 적성에 맞지 않아 중간에 그만두려고도 했다. 그러나 여기서 그만두면 갈 데가 없다고 생각하면서 '어떻게 하면 자동차 세일즈를 잘할까?'를 고민하고 방법론을 모색했다.

갖은 고생, 수많은 시행착오와 새로운 영업방법을 모색한 끝에 그가 터득한 영업성공의 실마리는 바로 "순간의 목마름을 적셔줄 물 한 모금을 찾기보다 소개라는 영원히 마르지 않는 샘을 파야 한다. 고객에게 소개를 받으려면 먼저 내가 나를 살 수 있는지 자문해 해답을 구한다"라는 세일즈 철학과 마케팅 기법이었다.

그는 자신의 가치를 높이고 고객에게 신뢰를 더 받을 솔루션을 찾는 일에 온 정열을 쏟았다. 고객과 신뢰를 구축하기 위해 매월 모든 고객에게 손수 만든 DM을 보냈다. 차를 판매한 이후에는 주문한 새 차가 고객에게 도착하기 전 반드시 축하편지를 보냈다. 자신에게 차를 산 고객에게는 꼭 소개의뢰를 부탁하면서 그에 맞는 합당한 사례를 하여 신뢰관계를 맺어나갔다. '세상에 공짜는 없다'는 게 영업 지론이었다. 그는 한 강연회에서 다음과 같이 말했다.

"세상에 공짜는 없습니다. 사소한 선물 하나가 때론 비즈니스 성패를 좌우합니다. 아무리 갑부라도 사례는 거절하지 않습니다. 사례는 소개를 낳는 매우 소중한 미끼가 되어줍니다. 비즈니스를 하려면 반드시 자신을 도와주는 사람들에 대한 합당한 보상체계를 마련해야 합니다. 물론 상대방이 감사하게 생각하고 감동을 이끌어내는 방법으로요."

그는 소개자에게 고마움의 표시로 선물할 때 반드시 정성이 듬뿍 담긴 것을 선택해서 전해주었다. 그 결과 그를 신뢰한 충성고객이 꼬리에 꼬리를 물며 다른 고객을 소개해줘 13년 동안 무려 1만 3,000여 대를 팔아 기네스북에 '세계 No. 1 세일즈맨'으로 12년 연속 선정되는 불멸의 기록을 남겼다.

자동차를 판매하기 위해 고객 한 사람 한 사람에게 정성을 다했더니 그 파급효과로 판매량이 기록적으로 증가했다는 것을 이론화한 고객만족의 중요도를 의미하는 250명의 법칙은 매우 유명한 세일즈 고전이 되었다. 지라드가 소개마케팅에서 사례의 중요성을 갈파한 말을 상기해보자.

"세일즈 업계에서는 아무리 실적이 뛰어난 사람이라도 다른 사람의 도움을 받지 않을 수 없다. 반드시 제3자의 도움을 받아야 성공할 수 있다. 나 또한 가능한 한 많은 도움을 받으려고 했으며, 가치 있는 도움을 받을 경우에는 반드시 합당한 사례를 했다. 세일즈는 일종의 투자의 결과물로 얻어지는 것이다. 나는 나를 대신하여 고객을 유치하는 사람을 모집하고는 그들에게 판매협조에 대한 대가를 반드시 지불했다."

Coaching Tip

1. 고객의 알뜰한 정보는 판매와 직결되는 소중한 자산이다.
   비즈니스는 아무리 유능한 사람이라도 타인의 도움이 필요하므로 상생의 관계를 정립하여 원원을 모색한다.
2. 세상에 공짜는 없다는 진리를 가슴에 새긴다.
   사례는 반드시 소개에 대한 보답으로 해준다는 인식을 갖는다. 비즈니스는 반드시 황금률과 백금률 법칙이 적용된다는 사실을 알고 실천한다.
3. 너무 큰 사례는 상대방에게 부담이 될 수 있으므로 적당한 선에서 한다.
   과유불급, 소개 사례도 정도에 지나치면 고객이 부담감을 가져 오히려 안 좋은 결과를 초래하므로 중용의 도를 지키는 것이 좋다.
4. 거래 형식의 사례는 가급적 지양한다.
   신규고객에 대한 사례가 아닌 평생고객으로 만들기 위한 시발점으로 생각하고 사례하면서 신뢰구축에 힘쓴다. 그리고 사례해준 고객은 별도로 고객카드에 적어 재소개할 때 조금씩 업그레이드한다.
5. 사례를 거절하는 고객에게는 다른 방법으로 감사 표시를 한다.
   사례를 거절했다고 포기하면 안 된다. 고객이 부채감을 느낄 수 있게 어떤 방법으로 감사 표시를 할지 모색하여 실행한다.

친절은 **소개를 선사**한다

클레멘트 스톤　미국 피츠버그에서 가구점으로 성공한 청년의 이야기다.

　비가 내리는 날 할머니 한 분이 가구점 거리에서 여기저기 살펴보고 있었다. 아무도 그 할머니에게 신경 쓰지 않았는데 어느 가게의 청년만은 하던 일을 멈추고는 할머니를 가게 안으로 모셨다. 할머니는 고맙고 미안한 마음에 "나는 가구를 사러 온 것이 아니라 차를 기다리며 시간을 보내려는 건데…"라고 했다.

　청년은 할머니에게 "할머니! 물건은 안 사셔도 좋습니다. 그냥 편히 구경하세요"라고 말하면서 할머니가 기다리는 차량의 번호를 적은 다음 몇 번이나 밖에 나가 차가 왔는지 확인했다. 그의 행동을 지켜보던 사람들은 청년이 일은 하지 않고 쓸데없는 데 신경 쓴다며 비웃었다.

그러나 청년은 차가 올 때까지 미소를 잃지 않고 할머니에게 친절을 베풀었다. 얼마 후 승용차를 몰고 온 중년신사가 할머니를 모시고 갔다. 이때 할머니는 그 신사를 아들이라고 소개하면서 청년에게 명함을 달라고 말했다.

며칠 후 청년은 강철왕 카네기의 편지를 받았다.

"비 오는 날 제 어머님께 베푼 당신의 친절에 감사드립니다. 이제부터 우리 회사에 필요한 가구 일체를 당신에게 의뢰하며 또한 고향 스코틀랜드에 큰 집을 곧 짓는 데 필요한 가구도 모두 당신에게 의뢰합니다."

그의 작은 친절이 어마어마한 소득을 얻게 한 것이다. 할머니는 아들에게 청년을 도와주라고 강력 추천했다고 한다. 그 청년이 바로 미국 세일즈 역사의 전당에 영원히 그 이름을 남기고 있는 클레멘트 스톤(W. Clement Stone)이다.

그는 가구점 판매원으로 성공한 후 보험대리점을 하는 어머니를 따라 보험영업을 했다. 맨 처음에는 유형의 상품인 가구와 다른 무형의 보험상품에 대한 개념과 세일즈 마인드가 접목되지 않아 많은 곤혹을 치렀지만 몸에 밴 친절 덕분에 고객들에게 신뢰를 받고 소개확보까지 얻어내 보험영업에서도 대성공을 거두었다.

그는 더 나아가 보험회사의 CEO까지 되었다. 그는 이렇게 성공한 비결을 습관화된 친절과 영업이 아무리 힘들어도 고객의 신뢰를 받으면 언젠가는 성공할 수 있다는 긍정적이고 적극적인 자세라고 말했다. 그는 고객에게 보험세일즈를 하면서 한 번도 논쟁을 하거나 찡그린 모습을 보이지 않았다고 한다. 언제나 웃는 얼굴로 고객의 반응을 살피고 고객과 감정을 교류하려 열린 마음으로 임했다.

많은 사람이 자신과 직접 연관이 없다는 이유로 이웃을 소홀히 대한다. 고객에게도 판매하고 나면 소홀히 하는 경우가 많다. 소홀히 하면 고객과 나의 거리는 그만큼 멀어진다. 힘들더라도 남을 먼저 배려하는 습관을 익히는 게 비즈니스에 도움이 된다. 그것이 소개확보를 낳아 성공에 안착하는 지름길이다.

Coaching Tip

1. 영업의 기본은 친절이다. 봉사정신을 몸에 익히고 친절을 생활화한다.
2. 웃는 얼굴에 복이 오고 사람이 모인다. 늘 밝은 얼굴로 고객을 대한다.
3. 사람들이 나를 믿고 따르게 넓은 마음을 갖도록 노력한다.
4. 고객의 신뢰가 영업의 생명임을 인식하여 신뢰 제고 방법을 늘 모색한다.
5. 맑고 밝은 태도로 고객을 대하면 결국 소개 복이 되어 돌아온다.

양질의 고객 발굴에 전력

> 론 폴신
>
> "나는 고객과 열 번 이야기하면 그중 아홉 번은 가족과 인생 이야기를 하고 나머지 한 번만 상품 이야기를 한다. 난 그들의 삶에 관여하며 인생 카운슬러 역할을 한다. 그들은 내 고객이기도 하지만 가장 친한 친구이다. 이것이 소개확보를 통해 성공하는 비결이다."

보험영업에서 20여 년 동안 톱 실적을 올린 론 폴신(Ron Paulseen)이 한 말이다. 그도 처음부터 일을 잘한 것은 아니었다. 그는 보험영업을 시작하면서 성공하기 위한 가장 중요한 단서는 유망고객을 확보하는 활동임을 깨달았다. 일주일에 60명을 만나 상담하고야 말겠다는 목표를 세웠다. 활동량 부족은 실적 부족으로 이어진다는 것을 진리처럼 여겼다. 그는 자신이 세운 목표를 반드시 실천했다.

그는 아는 사람들이 어느 정도나 되는지 시험해보고 싶었다. 자신이 가치 있다고 생각되는 것에 집중하였고, 그러기 위해 고객들과 관계를 돈독히 하는 데 더욱 많은 시간을 투자했다. 그렇게 신뢰가 구축된 고객에게는 요구사항이 있다면서 진정성 있게 다가갔다. 그의 요구는 "고객님처럼 좋은 분을 많이 소개해주십시오"라는 것이었다.

그의 소개의뢰 대상자 대부분은 자신의 비즈니스에서 성장했거나 성장하는 사람들이었다. 그는 고객과 약속을 잡지 못했을 때는 다이아몬드를 파는 지역이나 명품 옷을 파는 거리로 가서 오후 10시까지 머물 때가 많았다. 그런 곳에 가면 고객을 한 명 이상 만나 면담할 수 있었다. 폴신이 기울인 노력은 영업을 시작한 지 1년이 될 무렵부터 성과를 거두기 시작하였다.

그는 판매왕 수상 소감에서 이렇게 말했다.

"저는 단지 지금 관리하는 고객들처럼 강한 동기의식을 가지고 성품 좋은 사람을 찾고자 꾸준히 노력했을 뿐입니다. 고객발굴을 규칙적으로 하면 여러분의 고객활동은 비를 몰고 올 구름이 하늘에서 움직이는 것과 같을 것입니다."

폴신은 양질의 고객을 발굴하기 위해 선배들의 영업을 벤치마킹했다. 거기서 느낀 점은 '자격이 안 되는 유망고객과 씨름하느라 시간 낭비하지 마라'였다. 이를 실천하면서 양질의 고객에게 양질의 고객을 소개받아 영업실적이 계속 올랐다. 그는 오직 소개만으로 비즈니스를 했다. 그는 이렇게 말했다.

"고객과의 관계를 발전 지향적으로 개발하는 일은 하룻밤에 이루어지지 않는다. 훈련되어야 하며 책임감이 있어야 한다. 다른 사람의 경험에서 무언가를 배우고 또한 거절을 받아들일 성품을 갖추면 하는 일에서 원하는 바를 무엇이든 성취할 수 있다."

Coaching Tip

1. 새로운 협력자 발굴에 전념한다.
   현재 갖고 있는 고객 명단에서 누구를 협력자로 개발했으면 좋을지를 파악한다. 그리고 이들 각각에 대한 카드를 만들어 알고 있는 내용(나이, 직업, 소속된 단체, 취미, 출신 학교 등)을 기록한다. 특히 고객과 통화할 때 상사가 누구인지를 꼭 물어 이름을 기록한다.

2. 유망고객 파일을 만든다.
   협력 후보자가 알고 있으리라 생각되는 사람(사업주, 의사, 변호사 등)의 이름을 될 수 있는 한 많이 목록화한다. 협력자에게 목록을 보여주고 가장 추천할 만한 고객을 지목해달라고 요청한다. 목록을 제대로 작성했다면 협력자는 목록에 있는 사람 대부분을 알 것이며, 신뢰를 구축했다면 그중에서 소개해줄 것이다.

3. 고객과의 관계형성에 노력한다.
   양질의 유망고객을 내 편으로 만들려면 섣불리 접근해 쉽게 관계를 형성하려 하면 안 된다. 뜸을 들이며 친숙관계가 무르익을 때까지 기다리는 인내가 필요하다.

4. 무조건 많은 사람을 만난다.
   끊임없이 고객을 발굴한다. 많은 만남 속에 우수고객이 숨어 있다. 그리고 스스로 하라. 고객을 만나는 1차적인 일을 남이 대신해주지는 않는다.

5. 고객과 만나고 나서는 반드시 follow-up을 한다.
   고객 체계 유지와 순증을 위해 더 많은 고객 발굴이 이루어지도록 날마다 실천한다.

소개카페

끈끈한 인맥으로 소개를 일구다

서울 서대문구 북가좌동에 한 음식점이 있다. 4차선 도로변에 있지만 가로수에 가려 간판도 음식점도 잘 안 보이는 2층에 있다. 입구도 좁다. 그렇다고 음식 맛이 주변 음식점들보다 뛰어나지도 않다. 그런데도 장사가 아주 잘된다.

인근 음식점들은 부침이 매우 심한 편이지만 이 음식점은 손꼽을 정도로 장사가 잘된다. 이 음식점에 처음 온 사람들은 수많은 손님을 보고 놀란다. 손님들은 "장사가 잘될 위치나 분위기가 아닌데 이상하게 손님이 많네" 하며 이구동성이다.

그런데 음식에 정성이 들어 있다. 주인이 매우 살갑게 대한다. 그보다 더 중요한 것은 주인의 튼튼한 인맥이다. 주방장도 겸하는 주인은 그 지역에서 마당발로 통한다. 동네의 대소사는 빠짐없이 챙긴다. 그리고 산악회, 지역 민방위회, 로터리클럽, 골프모임, 마라톤클럽, 테니스 동우회, 볼링 동우회 등에 참석해 총무는 도맡아 한다.

또 맛깔스러운 유머와 위트 넘치는 이야기로 좌중을 압도한다. 그가 없으면 다들 심심해하고 재미없어한다. 그와 안면을 튼 사람들은 모임이 있으면 자연스레 그 음식점으로 향한다. 바로 음식점 주인이 공들여 일군 인맥관리에 대한 답례이다.

그리고 매우 중요한 사실은 그 주인은 단골들에게 다른 단골을 소개하면서 친목을 이끌어준다는 점이다. 비즈니스를 하는 사람은 그런 사람들끼리 어울릴 분위기를 연출하면서 스스럼없도록 자리를 마련해준다. 마음이 교류되면 소개 의뢰를 할 분위기가 싹트고 그렇게 되면 이른바 소개의 달인이 되는 것이다.

사람들은 식사뿐만 아니라 비즈니스를 위한 사람을 소개받기 위해서라도 그 음식점을 들락거린다. 그 음식점 주인은 아는 옷가게에서 옷을 사도록 다리를 놓아주고, 아는 쌀가게에서 쌀을 사도록 알선하기도 한다. 그는 건강원, 약국, 병원, 전파상, 세탁소, 안경점, 노래방, 치킨가게, 자전거포, 슈퍼마켓, 휴대전화 가게 등의 소개 도우미를 자처하며 만남과 인연의 다리를 놓아준다.

20년 넘게 장사하면서 끈끈한 인맥을 형성해 친구나 가족 같은 분위기를 만들고 고객 사이에 소개의 물꼬를 트게 한 것이 손님이 붐비는 비결이다. 경기 불황 때문에 주위 음식점들이 하루가 멀다고 문을 닫는데도 그 가게는 늘 붐빈다. 단체손님이 줄을 잇는다. 평일이든 주말이든 공휴일이든 언제나 북적거린다.

그는 이론이 아니라 묵묵한 행동으로 인맥을 형성하고, 음식점을 인맥을 컨트롤하는 마당으로 만들면서 소개영업을 멋지게 실천하고 있다.

고객에게 꼭 소개를 받고 싶다면

세일즈맨이 된 것은 내 인생의 가장 큰 혜택이다.
세일즈맨은 사람과 조화롭게 헤쳐나가는 방법을
알고 그렇게 실천해야 하기 때문이다.
사람에서 사람으로, 고객에서 고객으로, 소개에서 소개로…
이렇게 하면 가망고객 발굴은 끝이 없다.
소개확보! 이는 세일즈 성공을 낳는 지름길이다.

최고의 판매자는 물건을 팔아치우는 데 그치지 않고
진정성을 갖고 고객의 고민을 함께 나누며
가능한 한 고객의 일에 적극적으로 협력하는 사람이다.
고객과 마음을 공유하며 만족시키고 감동을 선사할 때
그 선물로 소개는 저절로 돌아오게 된다.

나는 상품을 판매하지 않는다.
나는 나를 파는 것으로 대신하고 있다.
모든 상품에서 가장 권위 있는 검인은
그 상품을 취급하는 인간의 지문이다.
취급인이 충분히 신용할 수 있는 인물이면
고객에게는 이를 능가하는 품질증명은 없다.

고객에게 지속적으로 소개를 받고 싶다면
먼저 당신 자신이 상품으로서 가치가 있고
품질이 확실히 양호한지 자문해보라.
자타가 공인하는 진정으로 가치 있는 사람이 돼라.

– 엘머 레터만(Elmer Letterman)

판매왕을 만드는 소개마케팅 명언

여러분이 영업을 시작한다면 첫날부터 소개확보를 위한 유망고객 발굴에 착수하라. 우선 친구, 친척, 친지 등 중에서 여러분을 문 안으로 들일 누구라도 찾아가라. 문 안으로 들어가면 교육받은 대로 하면 된다. **- 알프레드 그래넘**

세일즈는 한 우물을 파야 성공한다. 그리고 소개를 받아야 확실히 성공할 수 있다. **- 시바타 가즈코**

신인으로서 나의 활동목표는 매주 25건의 소개를 받는 일과 트레이너가 가르쳐준 모든 기본 마케팅 원리를 그대로 사용하는 일이었다. **- 제프 월리스**

소개를 통해 직장에서 상품설명회를 개최하는 것이 가장 효율적인 보험영업 방식이다. **- 시바타 가즈코**

고객이 여러분과 관계를 맺는 것을 행복해 하기를 바라면서 지속적으로 컨설팅하면 고객은 지인들을 소개해줄 것이다. **- 에릭 타카오**

사람에서 사람으로, 소개에서 소개로, 이렇게 하면 가망고객 발굴은 끝이 없다. **- 엘머 레터만**

삼류는 자기 능력을 쓰고, 이류는 타인의 힘을 부려먹고, 일류는 타인의 능력을 써먹는다. **- 한비자**

보험영업을 더욱 성공리에 이끌려면 소개를 통해 새로운 시장을 발굴하고 개발하라. 특히 기존고객 중 기업을 운영하는 CEO를 중점 타깃으로 삼아라.
- 시바타 가즈코

영업은 효율적으로 해야 보람을 느낀다. 제3자가 추천한 소개에서 양질의 고객을 확보하는 것이 다른 어떤 유형의 고객 발굴 방법보다도 쉽고 효과가 크다. - 알프레드 그래넘

한 푼의 소득도 당장은 생기지 않는 기존고객을 성의껏 꾸준히 관리하는 것이 중요하다. 그 안에서 여러분도 모르는 사이에 소개가 움트기 때문이다.
- 스즈키 야스토모

사적으로 뭉친 다양한 모임은 소개의 좋은 원천이다. - 호세 페르난데스

고객을 처음 만났을 당시의 상황보다 그 고객을 훨씬 더 좋은 상황에 처하게 만들면 고객은 계속해서 소개원을 공급해준다. - 스티븐 블런트

소개를 부탁할 때에는 구체적으로 요청하고 소개를 받으면 피소개자에 대해 가능한 한 많은 자료를 수집하라. - 스티븐 블런트

가망고객을 잘 발굴하는 비결은 끊임없이 소개마케팅을 활용하여 소개확보 전략을 모색하는 것이다. 소개확보를 통한 신규고객 발굴과 판매야말로 고소득을 확실하게 보장해주는 비결이다. - 시드니 프리드먼

보험영업 30년이 지난 지금까지 내가 확보한 고객은 2만 5,000명이 넘는다. 체결한 계약 중 소개를 받고 계약한 고객을 종합적으로 분석하면 계약 성공률이 80% 정도이다. 내 세일즈 인생에서 소개는 오늘의 내가 있게 한 뿌리다. - 시바타 가즈코

단지 영업만 해서는 안 된다. 영업을 하면서 고객에게 상생의 도움이 될 다른 일을 병행해 신뢰가 더욱 돈독해져야 소개계약이 나온다. - 이즈카 데이코

소개는 매우 중요하다. 신규고객 발굴은 소개자의 영향력에서 출발한다. - 데이비드 라우

소개를 받고 상품을 판매하기 위해서는 상품과 자신에게 생명력을 불어넣어야 한다. 소개확보의 길만이 여러분을 성공으로 이끌어주는 유일한 길이다. - 버트 팔로

소개를 받는 일보다 더 중요한 것은 소개받은 사람들에게 접근하여 일을 진행해 나아가고자 하는 훈련과 동기의식이다. - 빌 루이

가치가 겸비된 서비스는 소개를 유도한다. 여러분이 유익한 일을 하고 있다면 사람들은 자연히 알게 된다. - 프랭크 크리건

여러분이 고객을 위해 열정적으로 노력하는 진지한 모습을 보이면 고객은 여러분을 신뢰하고 소개의 문을 열어놓을 것이다. - 에더 링턴

소개에 의한 고객발굴보다 더 나은 것은 없다. 장기간 고소득을 보장받으려면 반드시 꼬리에 꼬리를 물고 소개가 이루어지는 소개마케팅을 실천에 옮겨라. - 알프레드 그래넘

성직자, 변호사, 회계사, 재정상담가 등의 전문적인 조언가가 소개자로서 가장 적격이다. 그들과 연계되어 사회활동에 참여하라. 그들의 품격에서 보석 같은 소개가 쏟아진다. - 윌리엄 레이스만

계속하여 소개를 요청하라. 소개받은 사람이 없는 것은 여러분이 요청하지

않았기 때문이다. 소개는 생명줄이다. - **자니 애드콕**

소개확보를 요청할 때 매우 구체적인 질문을 해야 피소개자 접근을 수월하게 할 수 있다. - **스테판 드리**

영업이 일상화되어야 롱런할 수 있고 소개확보가 가능해야 성공할 수 있다. - **벤 펠트만**

고객과 있는 모든 순간 소개용지를 꺼내라. 이것은 별개의 판매나 마찬가지다. - **레스터 로젠**

방문고객이나 알고 지내는 사람은 아주 좋은 소개원이 되어준다. 그들은 여러분이 그들을 위해 한 일로 얻은 이익이 있고 여러분이 그들을 위해 노력하는 것을 알기 때문이다. - **레스터 로젠**

기존고객은 최선의 협조자다. 기존고객은 상품을 이해하기 때문에 소개를 얻어내는 데 더욱 확실하고 용이하다. - **클레멘트 스톤**

소개확보에 가장 적당한 기회는 세일즈 프로세스마다 늘 주어져 있다. 반드시 계약을 체결한 다음이라고 생각하지 마라. - **알프레드 그래넘**

내가 고객과 열 번 이야기했다면 그중 아홉 번은 가족과 인생 이야기이고 나머지 한 번만 상품 이야기를 한다. 이것이 내가 소개확보로 성공한 비결이다. - **론 폴신**

영업이라는 일은 결국 한 가지로 귀결된다. 바로 사람을 만나는 일이다. 밖에 나가 하루에 너덧 명에게 자신의 이야기를 정직하게 할 수 있는 사람이라면 그는 영업에서 성공할 수밖에 없다. - **월터 탤보트**

상품에 만족한 고객은 한 명당 6~8명을 소개하지만 불만족한 고객은 한 명당 10명을 방해한다. - 윌리엄 휼렛

고객에게 물건을 팔 생각이 영원히 없거나 소개받을 생각이 아예 없는 게 아닌 이상 고객과 논쟁하지 마라. - 이즈카 데이코

나는 머리만 쓰는 것이 아니라 빌릴 수 있는 머리도 쓴다. - 조지 매튜 애덤스

세일즈의 왕도는 소개에 있다. 지금껏 잘못된 영업습관으로 성공하지 못했다면 즉시 소개의 문을 두드려라. - 시바타 가즈코

영업의 갈증을 해소할 당장의 계약 한 건보다 영원히 마르지 않는 소개의 샘을 파라. - 조 지라드

소개해주고 싶은 사람이 되어라. 능력을 인정받으면 소개를 부탁하기 쉬워진다. 소개는 자신의 가치 창출에서 비롯된다. - 스즈키 야스토모

소개를 받기 위해서는 고객과 끊임없이 유대를 맺는 것이 가장 중요하다. - 리처드 루이시

나는 고객들이 나와 관계를 맺는 것에 행복해 하기를 바라면서 지속적으로 컨설팅한다. 그렇게 되면 그들은 가족과 친구에게 나를 소개해준다. - 에릭 타카오

클로징 이후에는 어떤 경우에든 고객에게 반드시 소개를 부탁하라. 부탁에는 반드시 분명한 이유를 밝혀 이해를 구하라. - 모리 쓰루오

소개장은 소개해준 사람의 분신 같다. - 앤드류 카네기

고객과 지속적으로 유대감을 맺으려면 상품을 구매하게 함으로써 기본적인 친숙을 도모하여 고객에게 여러분을 추천하게 만드는 것이다. - **로저 도슨**

판매에 임할 때마다 고객에게 다른 잠재고객을 소개해달라고 요청하라. 이는 잠재고객을 찾는 훌륭한 방법이다. - **로저 도슨**

평판과 소문은 가장 좋은 소개장이다. - **탈무드**

소개를 받는 일보다 더 중요한 것은 소개받은 사람에게 접근하여 일을 진행하고자 하는 훈련과 동기의식이다. - **빌 루이**

나는 계약을 하더라도 신규고객으로부터 다른 사람을 다섯 명 이상 소개받지 못하면 실패한 세일즈라고 생각한다. - **조 지라드**

소개를 부탁할 때에는 고객의 친구를 소개받아라. 그것이 소개자에게 부담을 덜 주면서 쉽게 소개받는 방법이다. - **야마모토 후지미쓰**

비즈니스에서는 마케팅이 일상생활화되어야 롱런할 수 있고 소개확보가 가능해야 성공할 수 있다. 소개확보는 상대방과 안전한 신뢰구축을 바탕으로 이루어진다. - **벤 펠드만**

비즈니스로 성공하는 사람들의 특징 가운데 가장 눈에 띄는 것은 목표에 전력투구하는 자세이다. 그 목표는 바로 소개확보다. - **토니 고든**

소개는 나아가야 할 유일한 길이다. 그러나 효과적인 소개를 받으려면 집중적인 노력이 필요하다. - **폴 마챈드**

고객이 여러분을 자신의 내부 세계로 끌어들이면 단지 세일즈맨이 아니라

그들의 가족구성원으로 여긴다는 표시다. 성공비결은 바로 이런 관계 구축에 있다. - 에릭 타카오

나는 영향력을 이용한다. 그래서 만나고 싶은 사람을 만나고 참고할 만한 사람부터 찾는다. - 얼 이스트만

사람을 소개받을 때는 항상 따뜻하고 다정한 미소를 띠어라. 악수는 힘차고 자신 있게 하라. 맥없는 악수만큼 사람을 맥 빠지게 하는 것도 없다. - 앤드류 우드

소개라는 금맥을 찾아라. 그래야 영업을 지속적으로 잘할 수 있다. - 프랭크 베트거

나를 어느 나라에 보내도 단 한 사람의 지인만 있으면 성공할 자신이 있다. 내가 그를 만족시킨다면 그가 아는 사람을 기꺼이 소개해줄 것으로 확신하기 때문이다. - 조 지라드

소개는 비즈니스의 생명줄이다. 여러분이 누구를 만나고 싶은지 떠올리고 그를 누가 알고 있는지 또 누가 소개해줄지 정리해보자. 소개는 여러분의 네트워크가 잘 돌아가는지에 따라 원활히 이루어질 것이다. - 자니 애드콕

고객 리스트에 무엇이 들어가는지에 따라 무엇이 나오는지가 결정된다. 우유배달원들만 고객으로 발굴하고 다른 우유배달원 소개만을 부탁한다면, 궁극적으로 고객은 모두 우유배달원일 것이다. - 조지 시거스턴

고객이 구매능력이 없을 것 같으면 그 이름을 버려라. 고객이 현실적으로 상품과 서비스를 구매할 수 없는 사람이고, 여러분의 노력과 시간이 결과를 정당화할 수 없다면 적극적으로 추진할 이유가 없다. - 조안 매튜스

나는 소개마케팅 계획을 철저히 세웠고 그것을 지켜나갈 자신이 있었다. 여러분도 철저히 계획하고 확실히 실천한다면 누구나 원하는 결과를 얻을 것이다. - 클라우드 슈퍼필드

고객의 거절을 원천적으로 봉쇄하는 유일한 방법은 바로 소개를 받고 면담하는 것이다. - 나폴레온 힐

고객 한 명은 빙산의 일각 같다. 고객의 가려운 곳을 긁어줘라. 그래야 속마음을 보여준다. - 리처드 루이시

사업의 목적에서 올바른 정의는 하나밖에 없다. 그것은 고객의 창조이다. - 피터 드러커

사소한 만남도 소중히 여겨라. 스치는 단 한 번의 만남도 여러분에게 큰 성공을 가져다줄지 모른다. - 스즈키 야스토모

고객을 많이 확보하는 것이 중요한 게 아니라 어떤 고객을 확보하는지가 더 중요하다. - 알프레드 그래넘

물건을 팔지 말고 고객의 꿈을 찾아줘라. 그러면 소개를 향한 고객의 마음의 문은 저절로 열릴 것이다. - 프랭크 베트거

영업에서 가장 어려운 부분은 고객이 당면한 문제해결과 더불어 향후 이익과 혜택에 정확하게 초점을 맞추는 것이다. 이것이 잘 이루어지면 고객은 여러분을 기꺼이 다른 사람에게 소개해줄 것이다. - 프란 재코비

오늘 힘들다면 내일은 더 밝은 날이 기다릴 것이다. 내일은 반드시 내일의 태양이 뜬다. 하는 일이 힘들어도 참고 이겨 나아가라. - 테네시 윌리엄스

고객에게 진정성이 담보된 칭찬을 하면 고객은 신뢰의 신호를 보낸다. 그것이 고객의 마음을 사로잡아 충성고객으로 만드는 비결이다. - 존 워너메이커

고객이 지불한 가치보다 더 많은 서비스를 제공하면 얼마 지나지 않아 제공한 서비스보다 더 많은 이익을 얻게 된다. - 나폴레온 힐

돈만 벌 생각으로 사업하면 성공의 기회는 절대로 오지 않을 것이다. 사람을 내 편으로 만드는 비즈니스를 먼저 해야 돈이 따라온다. - 조이스 클라이드 홀

상품을 팔려고 하지 말고 고객을 만들 생각을 하라. 그러면 고객은 여러분을 다른 사람에게 소개해주고 싶은 생각이 저절로 들 것이다. - 캐더린 바체티

상품이 다 낡아 효용가치가 없고 고객이 완전히 만족할 때까지는 판매가 끝났다고 할 수 없다. 이런 사고로 영업해야 고객 로열티 향상으로 충성고객이 확보된다. - 레온 빈

고객을 만날 때는 두 가지를 명심하라. 하나는 고객이 여러분을 어떻게 생각하는가이고, 다른 하나는 고객이 여러분을 만남으로써 그가 자기를 어떻게 느끼는가이다. 고객의 마음에 긍정적인 신호등이 켜지게 할 방법을 모색하고 만나라. - 스콧 진스버스

고객은 여러분이 일을 얼마나 잘하는 프로인지보다 여러분이 얼마나 좋은 세일즈맨인지를 더 중시한다. - 헤리 백위드

인생은 서비스 같다. 성공한 사람은 더 좋은 서비스를 더 많이 제공하려고 자신의 인생을 바치는 사람이다. - 밀턴 스타틀러

여러분 버스의 운전사는 여러분이다. 승객을 사랑하고 목표를 갖고 운전하

라. 승객이 여러분의 버스에 타고 있는 동안 그들을 매료시킬 열정과 에너지를 뿜어라. - 존 고든

사업할 때 거래처를 늘리려는 태도는 매우 중요하다. 현재의 고객을 소중히 여기는 것도 그에 못지않게 중요하다. 극단적으로 말하면 고객 한 명을 소중하게 여겨 지키는 것은 고객 백 명을 늘리는 것과 같다. 반대로 고객 한 명을 잃는 것은 고객 백 명을 잃는 것과 같다는 마음으로 사업해야 한다. - 마쓰시타 고노스케

나의 상품 가치가 뛰어나면 고객은 반드시 신뢰의 신호를 보낼 것이고 다른 고객에게 자랑도 해줄 것이다. - 엘머 레터만

소개의 끈을 잘 잡아라. 그 끈은 여러분에게 돈줄이 되어줄 것이다. -조 지라드

인생의 성공은 실력도 중요하지만 언제 누구를 어떻게 만나느냐에 달려 있다. 사람을 잘 만나야 더 빨리, 더 튼튼히 성공의 문에 안착할 수 있다. - 윈스턴 처칠

주변 사람에게 진정성을 갖고 선하게 대하라. 그러면 그 사람들도 여러분을 선하게 대하고 다른 사람에게 여러분을 소개해주고 인간관계 형성이라는 선물을 안겨줄 것이다. - 빌 게이츠

직장에서 가장 영향력 있는 사람을 협력자로 만들기에 전력투구하라. 그를 여러분의 고객 리스트에 되도록 빨리 올려 여러분의 진정한 가치를 보여줘라. 그래야 더 빨리 더 쉽게 키맨으로 만들 수 있다. - 클라우드 스터블필드

혼자 힘으로 백만장자가 된 사람은 없다. 주위의 재원, 인맥을 끌어들이지

않으면 안 된다. 특히 인맥을 통해 다른 인맥을 계속 만들어야 백만장자가 될 인프라가 구축된다. - 스티븐 스콧

매일 다른 사람과 점심식사를 하라. 그들에게 다른 사람을 소개해달라고 부탁하라. 다양한 사람을 만나 신뢰를 구축해야 인맥이 넓어지고 성공 가능성이 높아진다. - 하워드 웰츠

기존고객이나 소개로 알게 된 고객이 완전한 신규고객보다 우선되어야 한다. 기존고객이 최고의 단골고객이요 소개를 낳는 충성고객이다. - 랠프 로버츠

나는 너를 다른 사람들에게 추천(소개)해줄 수 없다. 너에 관한 소문이 가장 좋은 소개장이니까. - 아키바

신뢰감을 갖게 하는 맵시, 멋진 아우라, 훌륭한 외모는 그 자체로 훌륭한 소개장이다. - 몽테뉴

여러분이 매일 만나는 사람의 4분의 3은 나와 생각이 같은 사람이 없는지 찾고 있다는 사실을 아는가? 이런 궁금증과 호감을 채워주는 것이 사람을 내 편으로 만드는 비결이다. 거기서부터 인맥이 넓어지고 여러분의 성공을 위한 소중한 자산이 되는 것이다. - 데일 카네기

인자하고 친근감 있는 얼굴이 소개장이라면 아름다운 마음은 신용장이다. - 리턴

얼굴이 수려하고 믿음이 가는 언행을 하는 사람은 어떠한 추천서(소개장) 못지않게 효능이 있는 법이다. - 아리스토텔레스

소개를 잘 받으려면 자신을 먼저 파악하라. 겸손하되 자신의 뜻은 분명히

밝히면서 말과 행동을 일치시켜라. 정직하라. 정직에는 언제나 보상이 따른다. 존중하며 대하라. 사람은 누구나 존중받기를 원한다. **- 앤드류 매튜스**

기존고객은 여러분에게 더 많은 협력자를 만들어주는 보고와 같다. 기존고객을 충성고객으로 만들어라. 여러분이 제공하는 상품과 서비스, 여러분의 비즈니스 가치에 만족하게 만들어라. 진정성을 갖고 그들을 가족처럼 대하라. 그러면 그들은 여러분에게 사람을 많이 소개해줄 것이다. **- 마쓰시타 고노스케**

사람들은 자신이 알고 지내는 이가 소개하거나 추천하는 사람이나 상품을 본능적으로 '반드시 좋은 것, 신용할 수 있는 것'으로 단정한다. 이는 유형의 상품이건 무형의 시스템이건 마찬가지다. **- 엘머 레터만**

좋은 사람을 만나는 것은 신이 주는 축복이다. 그와의 관계를 올바로 지속하지 못한다면 이는 신이 선물한 축복을 저버리는 것과 같다. **- 데이비드 패커드**

사회에 발걸음을 내딛는 순간부터 좋은 인맥을 만들려고 노력하라. 훌륭한 인맥을 만듦에 따라 여러분의 그릇이 결정된다. 인맥의 크기와 깊이가 성공의 척도가 된다. **- 마쓰시타 고노스케**

여러분은 여러분이 만든 최초의 상품이다. 따라서 여러분을 시장에 어떤 상태로 어떻게 내놓는지가 중요하다. 사람들은 여러분의 상품을 보고 여러분과 관계 지속 여부를 결정할 것이기 때문이다. **- 포티아 이삭슨**

훌륭한 인맥을 만들고 다른 사람에게 신뢰를 갖게 하고 소개를 받아내려면 먼저 자신의 가치를 제고하면서 진정성을 갖고 상대방을 대하고, 자신을 언제나 상대방에 맞출 줄 아는 배려심이 중요하다. **- 리 아이아코카**

에너지가 에너지를 창출하듯 부자가 되려면 먼저 자신을 소모해야 한다. 소모한다 함은 남을 배려할 줄 알고 능력을 아낌없이 발휘하여 목표를 향해 매진하는 것을 의미한다. 거기에서부터 사람을 모으는 기술과 관리하는 방법이 터득된다. - **사라 베른하르트**

상대방에게 진정으로 흥미를 가지려고 노력하라. 상대방에게 신뢰를 얻는 비결은 먼저 상대방에게 진솔한 친구가 되어주는 것이다. - **데일 카네기**

세상에서 가장 어려운 일은 사람의 마음을 얻는 것이다. 사람의 마음을 얻으면 이 세상에서 하고자 하는 일 그 무엇도 못 이룰 게 없다. - **생텍쥐페리**

한꺼번에 많은 고객을 발굴하기보다는 그들의 고객이 되거나 더는 설득할 가치가 없다고 생각될 때까지 인내와 열정을 갖고 일하라. 그러면 고객은 여러분을 저절로 신뢰하게 될 것이다. - **클라우드 스터블필드**

에필로그
영원히 고소득을 올리는 비결

 '어떻게 해야 정해진 파이(고객, 시장)를 확대하여 내 것으로 만들까? 이왕 만든 내 땅(활동시장)을 다른 사람 또는 유사 판매채널에 뺏기지 않고 결실을 맛보려면 어떻게 해야 할까? 어떤 땅(고객)을 차지해야 더욱 쉽게 소득을 많이 올릴까? 기름진 땅을 지속적으로 확보할 비법은 뭘까?'

 이 물음에 대한 해답은 자명하다. 첫째, 성공을 향한 로드맵과 얼개를 잡고 고객을 내 편이 되게 하는 깜냥 기르기, 둘째 발굴한 가망고객이 구매고객이 되었을 때 단골고객을 넘어 충성고객으로 만들기, 셋째 사람을 남기는 영업을 하기이다. 돈만 많이 벌려고 하면 절대로 오래하지 못한다.

 당장의 돈보다 일에 대한 열정, 사랑, 사명감, 고객의 신뢰와 끊임없는 신규고객 확보가 더 중요하다. 그래야 돈이 더 많이 모인다.

 수많은 판매자 그리고 다양한 판매채널과 벌이는 경쟁에서 이겨 고객의 마음을 사로잡고 그들을 충성고객으로 만들려면 신뢰감을 주면서 나의 가치가 비교우위에 서게 만들어야 한다. 자신이 상품으로서 가치를 발휘하게 핵심역량을 구축하고 영업능력을 펼치는 것이 지상과제다.

 먼저 자신의 상품가치를 발휘할 수 있게 노력을 게을리하지 말자. 'KASH의 4법칙'에 입각하여 진정한 프로가 되는 데 주저함이 없어야 한다. 특히 단순한 영업기술만 높이는 것이 아니라 고객, 시장, 트렌드를 먼저 생각하는 시장 중심으로 가야 한다.

 판매의 기쁨도 중요하지만 고객이 만족할 때까지 챙겨야 협력자가 되어 소개확보로 이어진다. 구매 후 고객에게 상품의 효용가치와 함께 만족감, 행복, 기쁨, 우월감 등을 선사하려는 영업철학으로 상도(商道, business ethics)를 익혀야 한다.

 예나 지금이나 위대한 상인이 되려면 돈보다는 사람 남기기를 실천하는 것이 더 중요하다. 고객이 나를 완전히 믿게 만드는 신용이야말로 영업으로 얻을 큰 밑천인 동시에 최대 자산이다.

 필자가 아는 한 자영업자는 "지금까지 수십 년 동안 이 장사 저 장사 해보았고 이 물건 저 물건 팔아봤지만 겨우 몇 년 전에야 왜 사업(또는 세일즈)에 실패하는지 알게 되었다. 돈 버는 데에 급급해 장사가 잘될 때 고객에게 태만했던 것이 치명타였다"라고 술회했다.

 진정한 영업이익을 얻으려면 이익을 형성하는 기본가치를 돈이 아닌 사람에 두는 가치영업을 해야 한다. 단기간 이익이 아니라 영원한 이익을 얻으려면 사람을 남기는 방법을 찾아야 한다. 비즈니스는 돈이 아니라 사람을 쫓아다니는 직업이다.

　사람을 쫓는 과정에서 돈은 사람을 쫓아오게 되어 있다. 사람을 남기는 영업을 하려면 소개확보로 판매의 물꼬가 트이도록 해야 한다. 그래야 알차게 수확하고 소득이 굴곡 없이 꾸준히 늘어난다. 소개는 아무나 해주지 않는다. 오로지 상호 신뢰가 구축되어야 이루어진다.

　소개는 고객과 판매자의 인간관계 형성의 최종 산물이다. 소개는 사회생활에서 자신이 이룬 비즈니스 인생의 산물이다.

　소개마케팅은 나, 소개자, 피소개자 모두에게 윈윈을 주고 사람을 남기는 가장 효율적인 영업방식이다. 소개받는 방법론 실천에 올인하면 소개자와 키맨을 지속적으로 만들어 진정한 영업의 달인이 될 수 있다.

　소개마케팅을 영업 어젠다로 설정하고 실천해 성공한 사람들을 롤 모델로 삼아 소개마케팅을 추진하면 돈, 사람, 일터를 남기는 가치 있는 삶을 살 수 있다. 돈을 남기면 돈만 남지만 사람을 남기면 사람과 더불어 돈도 저절로 들어온다. 변하지 않는 진리는 인과율이다. 뿌린 만큼 거둔다. 베푼 만큼 신뢰를 얻는다. 사람을 남기려는 비즈니스는 돈과 사람 모두 따라오게 해준다.

　이 책에서 사람을 남김으로써 더 많은 이익을 창출하여 부자가 되는 비법과 마케팅 최종병기를 찾아 실천하자. 소개마케팅에서 소득증대는 물론 비즈니스 성공, 더 나아가 석세스존을 찾자.

KASH 법칙을 통달하고 자신이 하는 일에서 구루가 되자. 'people business!', 'give and no take'를 영업 모토로 삼고 소개마케팅을 전략적으로 실천하여 즐거운 일터, 행복한 인생을 만들자.

김동범

중앙경제평론사 Joongang Economy Publishing Co.
중앙생활사 | 중앙에듀북스 Joongang Life Publishing Co./Joongang Edubooks Publishing Co.

중앙경제평론사는 오늘보다 나은 내일을 창조한다는 신념 아래 설립된 경제·경영서 전문 출판사로서
성공을 꿈꾸는 직장인, 경영인에게 전문지식과 자기계발의 지혜를 주는 책을 발간하고 있습니다.

소개마케팅 비법

초판 1쇄 발행 | 2013년 3월 25일
초판 2쇄 발행 | 2016년 7월 15일

지은이 | 김동범(Dongbeom Kim)
펴낸이 | 최점옥(Jeomog Choi)
펴낸곳 | 중앙경제평론사(Joongang Economy Publishing Co.)

대　　표 | 김용주
책 임 편 집 | 이상희
본문디자인 | 박근영

출력 | 영신사　종이 | 타라유통　인쇄·제본 | 영신사

잘못된 책은 구입한 서점에서 교환해드립니다.
가격은 표지 뒷면에 있습니다.
ISBN 978-89-6054-097-2(13320)

등록 | 1991년 4월 10일 제2-1153호
주소 | ㉾ 04590 서울시 중구 다산로20길 5(신당4동 340-128) 중앙빌딩
전화 | (02)2253-4463(代)　팩스 | (02)2253-7988
홈페이지 | www.japub.co.kr　블로그 | http://blog.naver.com/japub
페이스북 | https://www.facebook.com/japub.co.kr　이메일 | japub@naver.com

Copyright ⓒ 2013 by 김동범
이 책은 중앙경제평론사가 저작권자와의 계약에 따라 발행한 것이므로 본사의 서면 허락 없이는
어떠한 형태나 수단으로도 이 책의 내용을 이용하지 못합니다.

※ 이 도서의 국립중앙도서관 출판시도서목록(CIP)은 서지정보유통지원시스템 홈페이지(http://seoji.nl.go.kr)와
국가자료공동목록시스템(http://www.nl.go.kr/kolisnet)에서 이용하실 수 있습니다.(CIP제어번호: CIP2013001160)

중앙경제평론사에서는 여러분의 소중한 원고를 기다리고 있습니다. 원고 투고는 이메일을 이용해주세요. 최선을
다해 독자들에게 사랑받는 양서로 만들어 드리겠습니다. **이메일** | japub@naver.com